Zusammen nachdenken

Philosophische Fragestellungen für Kinder und Jugendliche

Eine praktische Einführung

Philip Cam

aus dem Englischen von Ulrike Beck

(Die Schreibweise des Textes folgt der reformierten Rechtschreibung.)

Verlag an der Ruhr

Impressum

Titel: Zusammen nachdenken
Titel der australischen Originalausgabe:
Thinking Together:
Philosophical inquiry for the classroom
Hale & Iremonger Pty Limited
GPO Box 2552, Sydney, NSW, Australien
Autor: Philip Cam
Illustrationen und Gestaltungskonzept:
Ken Rinkel
One Plus one Design Pty Ltd
PO Box 157, Narrabeen, NSW, Australien
Redaktion: Gregor Rauh
Umschlag: Melanie Reich
Satz und Lay-out: Melanie Reich
Druck: Druckerei Uwe Nolte, Iserlohn
Verlag: Verlag an der Ruhr
Postfach 10 22 51
45422 Mülheim an der Ruhr

ISBN 3-86072-255-7

Inhalt

Einleitung

„Es wäre wundervoll ‚Denken' als Fach in unserer Schule einzuführen, aber der Stundenplan ist so überfüllt." Dieses Lamento höre ich oft und es erscheint mir seltsam. Man tut so, als käme das Unterrichten des Denkens zum normalen Lehrplan hinzu wie eine Theatergruppe oder das Einführen einer Fremdsprache. Aber Denken zu unterrichten – was immer das heißen mag – kann nicht die Sache eines weiteren Faches sein, das in den Stundenplan eingefügt werden muss. Was würden Sie dazu sagen, wenn ein Kollege oder eine Kollegin den Vorschlag äußerte, man könne vielleicht ein bisschen „Denken" am Mittwoch vor der Mittagspause einschieben? Klingt das nicht irgendwie zynisch?

Wie diese Bemerkungen bereits vermuten lassen, ist „Denken" kein spezielles Fach oder eine besondere Aktivität zusätzlich zu den anderen Fächern, sondern hat eher etwas mit der Herangehensweise an ein Problem oder Thema zu tun. Es betrifft alle Bereiche des Lehrplans. Wir möchten, dass die Kinder auf eine zugleich intelligente und produktive Weise alles Lernen angehen. Wir möchten nicht, dass sich unsere SchülerInnen unproduktiv oder unintelligent verhalten. Wir möchten schließlich auch kein gedankenloses oder rücksichtsloses Verhalten. Beide Dinge sind eng miteinander verknüpft.

Indem ich das sage, bin ich schon auf dem besten Wege Philosophie im Unterricht als die einzige Möglichkeit zu befürworten, die dem Denken die zentrale Rolle schon in der Grundschulerziehung zukommen lässt, die ihm zusteht. Das könnte jedoch leicht nach einer Erweiterung des Stundenplanes aussehen. Es könnte auch wie eine Fehlkonzeption erscheinen, da es dem Denken scheinbar einen eigenen Platz in der Schule einräumt. Ich gebe zu, dass beide Beobachtungen nicht ganz unberechtigt sind, aber darauf möchte ich später eingehen.

Die Philosophie unterscheidet sich in zweierlei Hinsicht von anderen Fächern. Zum einen führen uns philosophische Fragen und Themen oft – eine Tatsache, der unser Erziehungssystem selten Rechnung trägt – genau ins Zentrum anderer Disziplinen. Sie lassen uns wirklich über ein Thema nachdenken. Zum anderen widmet sich die Philosophie speziell dem ***guten Denken***. Ihre Methoden sind effektive, intellektuelle Operationen und ihre Werkzeuge dienen diesem Zweck.

Wie hoffentlich in ***Zusammen nachdenken*** deutlich wird, kommt aufgrund dieser beiden Merkmale der Philosophie eine einzigartige Stellung zu, die den Kindern helfen kann effektivere Denker zu werden. Darüber hinaus propagiere ich weniger, dass die Philosophie als eigenes Fach eingeführt wird, sondern vielmehr, dass die Lehrer in verschiedenen Fächern die Philosophie als einen Ansatz integrieren. Die philosophische Diskussion kann im Deutschunterricht, in Pädagogik, in der Sozialkunde genauso wie in naturwissenschaftlichen Fächern und in der Fachkunde der Grundschule eine Rolle spielen.

Ein zentraler Gedanke dieses Buches ist, dass gutes Denken in der Klasse am meisten gefördert wird, wenn wir Kinder dazu anregen zu wichtigen Themen gemeinsam Fragen zu stellen und über diese gemeinsam nachzudenken. Denn einerseits ist ein Großteil des Denkens in unserem Leben Nachdenken mit anderen – unserer Familie, unseren FreundInnen oder mit den KollegInnen bei der Arbeit. Andererseits bilden sich, wie ich später erklären werde, die individuellen Denkgewohnheiten hauptsächlich durch das Internalisieren sozialer Praktiken aus. Ein Grund mehr also das soziale Verhalten in den entscheidenden Jahren auszubauen.

Dementsprechend ist die wichtigste Lernerfahrung, mit der ich mich befasse, die Klassendiskussion. Besonderes Augenmerk wird auf die Fähigkeiten und Anlagen gelegt, die für das gemeinsame Nachdenken nötig sind. Dabei geht es zum Beispiel um solche wesentlichen Dinge wie Fragen stellen, Gründe nennen, beim Thema bleiben, gerecht sein, andere Standpunkte anhören und Unstimmigkeiten auf den Grund gehen. Die Aufmerksamkeit richtet sich ferner auf die begriffliche Entwicklung der Kinder und da Verständnis für Fragen und Ideen zu fördern und zu vertiefen. Ich gebe eine Vielzahl sehr praktischer Anregungen, wie der Lehrer oder die Lehrerin diese Art der Untersuchung in der Klasse durchführen kann, und zeige, wie man die Denkfähigkeiten der Kinder steigern, ihr begriffliches Vorstellungsvermögen bereichern und ihr Verständnis vertiefen kann.

Der andere Schwerpunkt von ***Zusammen nachdenken*** ist die Verwendung von Erzähltexten. Auch wenn Sie sich eine Vielzahl von anderen Möglichkeiten ausdenken um die philosophische Vorstellungskraft der Kinder anzuregen, sind Kinderbücher doch eine ausgesprochen reiche Quelle philosophischer Themen. Durch die Auswahl geeigneter Geschichten für die Klassendiskussion können Sie die SchülerInnen für die philosophische Diskussion über viele Themen in den unterschiedlichsten Fächern begeistern. Die Reaktionen der Kinder können dann genutzt werden um mit dem logischen und begrifflichen Denken und der für die Philosophie zentralen Suche nach Bedeutung zu beginnen. Ich diskutiere die Verwendung von Geschichten das ganze Buch hindurch und erläutere vor allem in zwei Kapiteln die Auswahlkriterien für geeignete Geschichten und die Planung einer daran anknüpfenden Diskussion.

In den letzten Jahren hatte ich wiederholt das große Vergnügen diese Ideen mit LehrerInnen und Kindern in Australien und andernorts zu entwickeln und Lehrmaterialien für die Grundschule zusammenzustellen. Daher sind die meisten der hier vorgestellten Prinzipien und Vorschläge nicht allein mein Werk. Die Pionierarbeit, die Matthew Lipman und Ann Margaret Sharp geleistet haben, muss hier vor allem genannt werden, aber ich denke auch an alle – zu zahlreich um sie hier zu nennen –, die ich in diesem wahrhaft internationalen Verband kennen gelernt habe und die ihn mit immer neuen Ideen bereichern. Mein ausdrücklicher Dank geht außerdem an Jeremy Steele, Vivienne Nicoll-Hatton und den anderen Mitgliedern des Publikationskomitees der Primary English Teaching Association (PETA), die mir bei diesem Titel hilfreich zur Seite standen.

TEIL I

Einladung zum philosophischen Denken

KAPITEL 1

Denken lernen

Glücklicherweise können wir die meisten Sachen tun ohne darüber nachzudenken, wenn wir einmal wissen wie sie zu tun sind. Zum Beispiel gehen, sprechen oder Fahrrad fahren. Wenn man darüber nachdenken muss, wie man geht, wenn man sich fortbewegen will, oder wie man spricht, wenn man etwas sagen will, dann weiß man nicht genau, wie es funktioniert, zumindest beherrscht man es nicht wirklich. Wenn man darüber nachdenken muss, wie man Fahrrad fährt, wenn man auf ein Rad steigt, lernt man es entweder gerade oder aber man hat es schon wieder vergessen.

Viele der Fähigkeiten und Kenntnisse, die man in der Grundschule erwirbt, sind insofern mit denen des Fahrradfahrers vergleichbar, da wir sie später fast automatisch durchführen. Je automatischer ein Kind diese Dinge tut, desto besser kann es sie. Wir nennen diese Fähigkeiten und Kenntnisse ***Routine***. Wenn die Kinder beispielsweise lernen flüssig zu lesen, zuverlässig zu buchstabieren und ohne Probleme zu multiplizieren, sind sie auf dem Weg zu dieser Art von Routine.

Bei anderen Fähigkeiten ist es genau umgekehrt. Es sind die Dinge, die wir nur dann gut machen, wenn wir gelernt haben, darüber ***nachzudenken***. Man nennt sie ***reflexiv***. Menschen, die schwierige Wörter schreiben können ohne darüber nachzudenken, beherrschen die Rechtschreibung, aber Menschen, die aus Gewohnheit handeln ohne an die Konsequenzen ihrer Handlungen zu denken, beherrschen diese Handlung nicht. Ihr Verhalten ist vielmehr voreilig, unbesonnen und rücksichtslos. Sie müssen noch eine Menge über vernünftiges Handeln lernen. In gleicher Weise sind Menschen, die selten mehr als eine Vorgehensweise erwägen und Alternativen ablehnen ohne ihre Vor- und Nachteile zu prüfen, meist einfallslos, dogmatisch und unflexibel. Sie haben noch nicht gelernt das Beste aus ihren Möglichkeiten zu machen.

Fertigkeiten und Vorgehensweisen beider Art müssen im Unterricht entwickelt werden. Kinder, die gelernt haben flüssig zu sprechen, die sich aber unbesonnen und rücksichtslos verhalten, verletzen wahrscheinlich sich selbst und andere. Ein Kind, das viele Fakten kennt, aber nicht weiß, wie man Möglichkeiten erkundet, wird sein Wissen nicht sinnvoll umsetzen können. Wenn es uns nicht gelingt Fähigkeiten und Gewohnheiten beider Art – Routine und Reflexion – auszubilden, werden wir keine wirklich intelligenten Kinder in ihren Gedanken und vernünftige Kinder in ihren Handlungen erziehen.

Das reflexive Denken ist eine notwendige Ergänzung zu der so genannten Basiserziehung. Dieses Buch stellt einen Weg vor Kindern zu helfen dieses Denken zu entwickeln. Bevor wir damit beginnen, möchte ich jedoch genauer auf das Denken eingehen, das ich meine, und einige Ideen einführen, die der daran anschließenden Diskussion zugrunde liegen.

Hinter dem Routine-Denken

Der Terminus „reflektives Denken" stammt von John Dewey. Laut Dewey ist reflektives Denken ein

> „reges, andauerndes, sorgfältiges Prüfen von etwas, das für wahr gehalten wird und zwar im Lichte der Gründe, auf die sich die Ansicht stützt, und der weiteren Schlüsse, denen sie zustrebt … in einem bewussten und gewollten Streben, das, was für wahr gehalten wird, fest zu begründen".[1]

Was Dewey hier beschreibt, ist ein ständiger Akt des Überprüfens unserer Gedankenordnung, was letztendlich zu einem überlegten Urteil führt. Reflektives Denken kommt nicht, so führt Dewey aus, von „spontaner Entladung". Es taucht dann auf, wenn wir Entscheidungsbedarf haben, weil wir verwirrt sind, zweifeln oder staunen. Wenn wir ein Problem oder eine Schwierigkeit haben, die gemeistert werden muss, schlagen unsere Gedanken diesen Weg ein. Bei Dewey ist reflektives Denken ein Prozess, in dem wir die Gründe und Konsequenzen unserer Auffassungen auf das Ziel hin überprüfen ein Problem in den Griff zu bekommen, das uns in stärkerem oder weniger starkem Ausmaß erschüttert hat.

Die Auslöser für reflektives Denken außerhalb der Klasse sind uns hinlänglich bekannt. In vielen Bereichen unseres Lebens stoßen wir auf Probleme und Hindernisse oder befinden uns plötzlich in einem Dilemma: Fragen stürzen auf uns ein und die Bedeutung der jeweiligen Vorfälle ist oft unklar oder mehrdeutig. Unter diesen Umständen ist es nur normal erstaunt und perplex zu sein, vielleicht sogar verunsichert oder verwirrt. An diesem Punkt setzt meist das reflektive Denken ein. Wir brauchen einen Plan, eine Erklärung oder irgendeine Lösung. Deshalb suchen wir nach möglichen Gründen und Ursachen. Wir ordnen die Fakten und fahnden nach weiteren Beweisen und neuen Anhaltspunkten. Wir fragen andere um Rat. Wir denken über die Konsequenzen verschiedener möglicher Handlungen nach. Und wenn wir klug sind, warten wir so lange ab, bis unsere Überlegungen abgeschlossen sind und der Plan unseres Vorgehens steht.

Natürlich wollen wir die Kinder in der Klasse nicht verstören. Aber wir sollten sie in Verwunderung setzen, Neugier wecken und auf das kindliche Staunen vertrauen. Dieser Aspekt war Dewey ungeheuer wichtig. Er vertrat die Ansicht, dass „Denken-lernen“ das wichtigste Ziel der Grundschulerziehung ist. Genauso wichtig ist es, dass wir das reflektive Denken als den Schussfaden begreifen, der aus den Kettfäden des Routine-Denkens erst das ganze Tuch des effektiven Denkens webt.

Der Einfluss von Deweys Konzeption des reflektiven Denkens wird seitdem an vielen Publikationen deutlich, deren Titel oder Kapitelüberschriften diesen Terminus übernehmen.[2] Er findet sich auch in neueren Denkkonzeptionen wieder, wie z.B. bei Robert Ennis, einem wichtigen Vertreter in der Bewegung des kritischen Denkens. Ennis definiert kritisches Denken als „vernünftiges, reflektives Denken, das sich darauf konzentriert zu entscheiden, was geglaubt und getan werden soll.“[3]

Ist die Verbindung zwischen reflektivem und kritischen Denken einmal geknüpft, muss auch von ihrer Beziehung zum ***kreativen Denken*** gesprochen werden. Ennis stellt heraus, dass seine Definition des kritischen Denkens nicht das kreative Denken ausschließt. Er sagt: „Das Formulieren von Hypothesen, von alternativen Herangehensweisen an ein Problem, von Fragen, möglichen Antworten und von Plänen, Dinge zu untersuchen, sind kreative Handlungen, die unter diese Definition fallen."[4] Ennis hat wie Dewey korrekterweise das kreative Denken nicht ***ausgeschlossen***. In beiden Fällen liegt der Schwerpunkt jedoch auf dem kritischen, nicht auf dem kreativen Aspekt. Natürlich unterscheidet auch Dewey zwischen reflektivem Denken und einem Denken, das – auch wenn es sehr ähnlich ist – vorrangig ästhetisch, affektiv oder imaginativ ist:

> „Kinder erfinden oft Geschichten, welche die verschiedensten Grade eines inneren Zusammenhanges besitzen. Manche sind nur lose, manche enger verknüpft. Wenn sie zusammenhängen, täuschen sie reflektierendes Denken vor. Sie finden sich meist in Verbindung mit der Fähigkeit logisch zu denken. Diese Tätigkeit der Fantasie geht oft dem festgefügten, reflektierenden Denken voran und bereitet ihm den Weg. *Aber ihr Ziel ist nicht Kenntnisse zu erwerben oder etwas als wahr zu erkennen.* Hierin unterscheidet sie sich vom reflektierenden Denken, so ähnlich die beiden Arten einander auch sein mögen. Man begnügt sich mit dem Lob für eine gut aufgebaute Handlung, für eine geglückte Spannung und erwartet nicht, dass dem Gesagten Glauben geschenkt werde. So entstehen gute Geschichten, aber es kommt nicht zur Erweiterung der Kenntnisse – außer ganz zufällig."[5]

Wenn Dewey das Denken, das darauf abzielt, „Kenntnisse zu erwerben", der „Tätigkeit der Fantasie" gegenüberstellt, die nach solchen Dingen wie narrativer Einheit strebt, scheint er große Teile des kreativen Denkens aus der Kategorie des reflektiven Denkens auszuklammern. So bleibt beispielsweise das Nicht-Routine-Denken, zu dem wir in der Klasse ermutigen wollen, unberücksichtigt. Er scheint auch einen Großteil des philosophischen Denkens auszuschließen. Deshalb ist Deweys Idee vom reflektiven Denken, obwohl sie vieles beinhaltet von dem, was wir suchen, letzten Endes zu eng für unsere Zwecke.

An diesem Punkt kommt uns der Philosoph und Erziehungswissenschaftler Matthew Lipman zu Hilfe. Lipman, dessen Beschäftigung mit dem reflektiven Denken stark von Dewey beeinflusst ist, vertritt den Standpunkt, dass exzellentes Denken zugleich kritisch, kreativ und komplex ist.[6]

Denken, das zugleich kritisch und kreativ ist, sagt Lipman, zielt nicht nur auf begründeten Glauben oder reine Wahrheit, sondern auf ein Wiederbeleben und Neuschaffen von Bedeutung – auf vorstellbare Möglichkeiten, zu entwickelnde Konzepte und in vielerlei Richtung bereichernde Ideen. Exzellentes Denken wird einem der beiden Pole mehr verpflichtet sein als dem anderen, es wird aber immer von beiden gesteuert. Und tatsächlich: Wie ausschließlich kritisch unser Denken auch sein mag, kritisches Denken ist immer auch ein bisschen kreativ, genauso wie kreatives Denken immer auch ein bisschen kritisch ist. Deshalb sind sowohl kritisches als auch kreatives Denken Aspekte oder Ausprägungen des Nicht-Routine-Denkens, die Lipman als ***höheres Denken*** bezeichnet.[7]

Lipman weist auch darauf hin, dass exzellentes Denken nicht bloß eine kritische und kreative Annäherung an das behandelte Thema darstellt, sondern sich gleichzeitig selbst reflektiert. Für Lipman ist exzellentes Denken ***komplexes Denken*** insofern, als dass es ein bewusstes Denken ist. Indem es sich seines Vorgehens und seiner Methode bewusst ist, kennt das komplexe Denken seine Möglichkeiten und Grenzen. Es ist weder wie ein Koch, der vollständig in das von ihm zubereitete Gericht versunken ist, noch wie ein Kartenspieler, der ständig aussetzen muss. Es ist sich sowohl der Materie als auch der Vorgehensweise bewusst.

Lipmans Hauptinteresse gilt der Förderung des kritischen, kreativen und komplexen Denkens in der Schule. Seiner Ansicht nach ist die Philosophie die reichste Quelle, die uns hierfür zur Verfügung steht. Die Philosophie kann uns mehr als jede andere Disziplin helfen adäquate Bedingungen für das Denken in der Klasse zu schaffen. Zunächst mag das wie ein merkwürdiger Vorschlag klingen. Gewöhnlich verbindet man mit Philosophie eher Vorlesungen an der Universität als Grundschulunterricht. Manche Menschen assoziieren mit dem Wort „Philosophie" eine unverständliche Elfenbeinturm-Disziplin, die nur für gelehrte Erwachsene geeignet ist. Aber niemand, der Lipmans Kindergeschichten kennt oder der schon einmal Kinder gesehen hat, die in der Klasse ein philosophisches Problem diskutieren, würde diese Vorstellung akademischer Philosophie mit der Philosophie für Kinder verwechseln.

Während man sich davon am besten selbst überzeugt, möchte ***Zusammen nachdenken*** Lipmans Vorschlag in die Tat umsetzen. Im nächsten Kapitel werde ich damit beginnen und die Fragen, Hilfsmittel und Abläufe, die für eine philosophische Untersuchung in der Klasse notwendig sind, aus pädagogischer Sicht erläutern. Aber zunächst müssen wir noch über einen weiteren Aspekt des Denkens sprechen, der in diesem Buch behandelt wird: Die Bedeutung des Denken-Lernens durch das Zusammen-Nachdenken.

Warum zusammen nachdenken?

Dem russischen Psychologen Lew Wygotski zufolge gehen Denken und Sprechen, obwohl sie verschiedene Wurzeln haben, beide auf die frühe Kindheit zurück.[8] Lange bevor Kinder in die Schule gehen, benutzen sie Sprache nicht nur für soziale oder kommunikative Zwecke, sondern auch um mit sich selbst zu sprechen, Probleme zu lösen und ihr Verhalten zu organisieren. Und dieses Selbstgespräch – egozentrische Sprache genannt – ist der Ursprung des kultivierten Denkens.

Mittels der egozentrischen Sprache sprechen Kinder in der Weise mit sich selbst, wie sie es vorher nur anderen gegenüber getan haben, was eine Veränderung ihrer psychologischen Orientierung darstellt. Sie können nun an ihrem eigenen Denken teilhaben. Das hat zur Folge, dass die Kinder nun Kontrolle über ihre Gedanken gewinnen und anfangen ihr Verhalten selbst zu bestimmen. Sie werden weniger impulsiv und sind zunehmend in der Lage Probleme durch Planung zu lösen.

Wygotski zufolge zieht sich die egozentrische Sprache immer mehr ins Innere zurück und wird innere Sprache, wodurch sich ein sozialisierter Intellekt entwickeln kann:

> „Die größte Veränderung in der Fähigkeit des Kindes Sprache als Werkzeug der Problemlösung zu benutzen, findet statt … wenn das sozialisierte Sprechen (das vorher an die Erwachsenen gerichtet wurde) sich *nach innen richtet*. Statt sich an die Erwachsenen zu wenden, sprechen die Kinder nun mit sich selbst; Sprache übernimmt so zusätzlich zum *interpersonalen Gebrauch* eine *intrapersonale Funktion*. Wenn Kinder ein Verhaltensmuster entwickeln, das sie leitet und das zuvor auf andere Personen angewendet wurde, wenn sie ihre eigenen Handlungen entsprechend einer sozialen Verhaltensform organisieren, wenden sie ihr soziales Bewusstsein erfolgreich auf sich selbst an. Die Geschichte der Verinnerlichung der sozialen Sprache ist zugleich die Geschichte der Sozialisation des praktischen Denkens des Kindes.“[9]

Für Wygotski ist diese Integration und Transformation des Sozialen ein universales Merkmal in der Entwicklung der so genannten höheren kognitiven Funktionen:

> „Jede Funktion in der kulturellen Entwicklung des Kindes taucht zweimal auf: zunächst auf sozialer, dann auf individueller Ebene; zunächst *zwischen* den Menschen (interpsychologisch), und dann *im Inneren* des Kindes (intrapsychologisch). Das trifft in gleicher Weise auf die willkürliche Aufmerksamkeit, das logische Gedächtnis und die Begriffsbildung zu. Alle höheren psychischen Funktionen entstehen aus konkreten Beziehungen zwischen den Menschen."[10]

Wenn man über die Entwicklung der Denkfähigkeiten des Kindes in der Schule nachdenkt, wäre es auf der Basis von Wygotskis Thesen nur logisch anzunehmen, dass die Grundelemente des kritischen und kreativen Denkens auf die gleiche Weise internalisiert werden: Dass nämlich Kinder, die sich mit zugleich kritischen und kreativen *sozialen Praktiken* befassen, diese internalisieren und dass Kinder durch das *gemeinsame Nachdenken* und die damit verbundenen Prozesse selbst auf die Prozesse des eigenen Denkens aufmerksam gemacht werden.

Durch das gemeinsame Nachdenken werden die Kinder auf die Prozesse ihres eigenen Denkens aufmerksam gemacht

Vielleicht denken wir auch über uns selbst nach und passen uns zugleich unseren Lehrern und Kritikern an. Der Philosoph Gilbert Ryle hat einmal darauf hingewiesen, dass wir, wenn wir so denken wie Rodins ***Le Penseur*** es offenbar tut, etwas erreichen wollen, indem wir „Hilfsmittel, Routinen, Vorgehensweisen, Übungen, Beschränkungen und Tricks der Art" an uns ausprobieren, „wie Lehrer sie – nicht immer erfolgreich – anwenden um Dinge zu vermitteln, die sie selbst wissen, die Schüler aber nicht."[11] Tatsächlich übernehmen wir die Lehrerrolle, bleiben aber gleichzeitig Schüler und wenden die Strategien des Lehrers innerlich auch auf uns selbst an.

Diese Themen finden sich auch in den Schriften des Philosophen und Psychologen George Herbert Mead wider.[12] Mead zufolge hätten die Menschen ohne die Fähigkeit mit sich selbst zu sprechen niemals ein eigenes Bewusstsein oder ein Ich entwickelt. Mead behauptet, noch näher an Wygotski als Ryle, dass sich das Selbst durch Internalisierung der Formen der Rücksichtnahme entwickelt, die wir im Umgang mit den anderen erwerben. Von klein auf machen wir uns zum Objekt unserer sozialen Aufmerksamkeit. Wir ermutigen uns, geben uns Ratschläge und Anweisungen. Wir loben uns und klagen uns an. Wir verhängen selbst Strafen über uns und belohnen uns. Wir wenden uns an uns selbst, wie wir uns an andere wenden und indem wir das tun, werden wir uns selbst ein Selbst.

Auch hierbei können wir die Eigenentwicklung der Kinder in der Klasse fördern, wenn sie miteinander das reflektive Denken üben. Mit der Zeit werden die verschiedenen Formen des interpersonalen Blicks, die durch die sozialen Übungen des gemeinsamen Denkens zum Ausdruck kommen, nach innen reflektiert. Dort tragen sie zum Aufbau der ***Selbst***-Achtung bei, aus der ein denkendes und vernunftbegabtes Selbst erwächst.

Zusammenfassend sollte die Förderung des zugleich kritischen, kreativen und komplexen Denkens in gleicher Weise Ziel der Grundschulerziehung sein wie es das Routine-Denken bereits ist. Da sich Kinder durch das Internalisieren sozialer Praktiken intellektuell entwickeln, ist die soziale und intellektuelle Übung des Zusammen-Nachdenkens der beste Weg gutes Denken in der Klasse zu fördern. Aufgrund der besonderen Beschäftigung mit dem guten Denken und der Fähigkeit über ein breites Spektrum von Themen nachzudenken, kommt der Philosophie hierbei eine besondere Rolle zu. So aufgefasst ist die philosophische Untersuchung ein sehr sinnvolles Mittel zur Förderung des guten Denkens im Unterricht.

Um zu sehen wie sich die philosophische Untersuchung als pädagogische Aktivität eignet, müssen wir uns dem Wesen philosophischer Fragen und den von ihr verwendeten Werkzeugen und Vorgehensweisen zuwenden. Das soll das Thema des nächsten Kapitels sein.

Anmerkungen

1 John Dewey. *Wie wir denken. Eine Untersuchung über die Beziehung des reflektiven Denkens zum Prozess der Erziehung.* (Aus dem Englischen übersetzt von Alice Burgeni) Zürich: Morgarten Verlag Conzett & Huber 1951, S. 6.

2 Vgl. H. Gordon Hullfish und Philip G. Smith. *Reflective Thinking. The Method of Education.* New York: Dodd, Mead & Company 1967;
L. Stebbing. *A Modern Introduction to Logic.* London: Methuen 1931, Kapitel 1 „Reflective Thinking in Ordinary Life". Vgl. das Kapitel in Lipmans unten zitiertem *Thinking in Education.*

3 Robert H. Ennis. „A Taxonomy of Critical Thinking Dispositions and Abilities", in Joan Boykoff Baron & Robert J. Sternberg (Hg.) *Teaching Thinking Skills: Theory and Practice.* New York: Freeman 1987, S. 10.
Ennis stellt darin eine sehr detaillierte Liste der Ziele des kritischen Denkens im Unterricht zusammen, in der Fertigkeiten und Fähigkeiten genannt werden, die seine Definition des kritischen Denkens umfasst. Obwohl dies hier sicher nicht der richtige Ort ist um Ennis' Liste mit den Ergebnissen von Dewey zu vergleichen, halte ich es doch zumindest für bemerkenswert, dass Ennis' Definition von Dewey aus betrachtet in gewisser Weise redundant ist. Reflektives Denken für Dewey ist vernünftiges Denken, das sich nach dem richtet, was wir denken und glauben. Von Detailfragen abgesehen ist kritisches Denken, so wie Ennis es versteht, Deweys reflektives Denken.

4 Ibid.

5 John Dewey, a. a. O., S. 3-4.

6 Vgl. Matthew Lipman. *Thinking in Education.* New York: Cambridge University Press 1991, Kapitel 1 „The reflective model of educational practice".

7 Das deckt sich mit der Behauptung von Ennis, dass die Betonung des kritischen Denkens das kreative Denken nicht ausschließt, wobei er deutlich hervorhebt, dass das von ihm propagierte Denken mehr auf der Seite der Wahrheit als auf der Seite der Bedeutung liegt. Die Idee des höheren Denkens ist zwar - wie Ennis bemerkt - in gewisser Weise vage, aber sie führt uns doch gleichzeitig vor, warum die einseitige Betonung des kritischen Denkens nur das eine Ende der Skala ist.

8 Vgl. Lew S. Wygotski. *Denken und Sprechen.* (Hrsg. v. Johannes Helm, übersetzt von Gerhard Sewekow) Frankfurt am Main: S. Fischer Verlag 1972, vor allem Kapitel 4, „Der entwicklungsgeschichtliche Ursprung des Denkens und Sprechens".

9 L.S. Wygotski. *Mind in Society. The Development of Higher Psychological Processes.* (Hrsg. v. Michael Cole, Vera John-Steiner, Sylvia Scribner & Ellen Souberman) Cambridge, Mass.: Harvard University Press 1987, S. 27.

10 Ibid.

11 Gilbert Ryle. *„Thinking and Self-Teaching"*, in Rice University Studies, Bd. 58/3 (1972), auch in: Lipman (Hg.). *Thinking Children in Education.* Dubuque, Iowa: Kendall/Hunt 1993.

[12] George Herbert Mead. *Geist, Identität und Gesellschaft*. Aus der Sicht des Sozialbehaviorismus. (Übersetzt von Ulf Pacher)
Frankfurt am Main: Suhrkamp 1973. Vgl. auch A. Reck (Hg.). *Selected Writings of George Herbert Mead*.
Chicago: University Press of Chicago 1964.
Bernhard M. Metzler. „*Mead's Social Psychology*", in: John Pickering & Martin Skinner (Hg.). *From Sentience to Symbols: Readings in Consciousness*.
Wheatsheaf: Harvester 1990.

KAPITEL 2

Philosophie als pädagogische Tätigkeit

Obwohl die Philosophie traditionell nicht als ein für Kinder geeignetes Fach angesehen wird, vertritt Matthew Lipman den Standpunkt, dass sich Kinder ernsthaft mit Philosophie beschäftigen können, vorausgesetzt sie wird an den Talenten und Interessen der Kinder ausgerichtet.[13] Innerhalb der letzten fünfundzwanzig Jahre hat er eine Reihe längerer Erzählungen für Kinder geschrieben, die eine Vielzahl philosophischer Themen aus der Geschichte der Philosophie aufgreifen.[14] In Lipmans Büchern entdecken Kinder Philosophie bei dem Versuch ihre Erfahrungen zu deuten und die Probleme des Alltags zu bewältigen. Sie denken gemeinsam nach und die Art und Weise, wie sie die Werkzeuge und Vorgehensweisen der Philosophie lernen, ist Bestandteil der Erzählung. Kurz gesagt fallen dort die Probleme und Fragen, die die Philosophen diskutieren, in die Hände von Kindern, die dabei zur Philosophie kommen wie Enten zum Wasser.

Diese Geschichten sind zusammen mit dem ausführlichen Lehrermaterial, das Lipman und seine Kollegen produziert haben, beispielhaft dafür, wie Philosphie mit Kindern aussehen könnte, wie es in der Klasse eingeführt und wie der philosophische Inhalt der unterschiedlichsten Fächer zum Leben erweckt werden kann. Ich vermute jedoch, dass es weniger der philosophische Inhalt ist, der Lipmans Ideen und seinen Büchern den Weg in die Schulen der ganzen Welt geöffnet hat, sondern die Verbindung von Philosophie mit Denken und besserem Lernen. Was die LehrerInnen vor allem angesprochen hat, war die Entdeckung, dass sich die Philosophie durch die umfassenden Inhalte und die Natur ihrer Methoden nahezu ideal zur Förderung des Denkens allgemein in vielen Bereichen des Lehrplans anbietet und eine unschätzbare Hilfe für die Kinder darstellt effektiver am Lernprozess teilzuhaben.

Um die Vorzüge der Philosophie zu sehen müssen wir mehr über die Natur ihrer Fragen, ihrer Werkzeuge und Methoden wissen. Deshalb werde ich einige Worte darüber verlieren. Danach wird leichter zu verstehen sein, wie Philosophie in der Klasse umgesetzt werden kann. In den späteren Kapiteln werde ich diese kurzen Bemerkungen im Detail ausführen.

Philosophische Fragen

Philosophische Fragen betreffen, obwohl das oft vernachlässigt oder nicht anerkannt wird, alle Bereiche des Lehrplans. Die akademische Philosophie trägt dieser Tatsache Rechnung durch die Vielzahl der Spezialgebiete, die sie aufweist, wie Wissenschaftsphilosophie, Ästhetik, Sozial-Philosophie, Philosophie und Literatur, Erkenntnistheorie, Natur-Philosophie, Rechts-Philosophie usw. Viele philosophische Fragen sind sehr weit gefasst und betreffen mehrere Disziplinen zugleich. In Zusammenhang mit der Schulerziehung können Sie sich eine Vorstellung von dem zugrunde liegenden philosophischen Gehalt der Disziplinen und der übergreifenden Natur vieler philosophischer Fragen machen, wenn Sie sich die nachfolgenden Beispielfragen und die Liste der damit verbundenen Lerngebiete ansehen.

Zum Beispiel:

Philosophische Frage	Lerngebiet
◆ Was bedeutet es eine Person zu sein?	Pädagogik, Sozialkunde, Literatur
◆ Was ist eine Regel?	Sozialkunde, Mathematik, Sprachen, Musik, Pädagogik, Sport
◆ Was macht eine Sache schön?	Kunst, Musik, Literatur, Naturwissenschaften, Umwelterziehung, Mathematik
◆ Was ist ein Kunstwerk?	Kunst, Musik, Literatur
◆ Was ist Bedeutung?	Sprachen und Literatur, Musik, Kunst, Mathematik
◆ Gibt es für alles einen Grund?	Naturwissenschaften, Sozialkunde
◆ Sind wir für unsere Umwelt verantwortlich?	Naturwissenschaften und Umwelterziehung, Sozialkunde
◆ Wodurch wird eine Handlung falsch?	Sozialkunde, Pädagogik, Literatur
◆ Was bedeutet es etwas zu erklären?	Naturwissenschaften, Sozialkunde, Mathematik
◆ Was ist Wissen und wie können wir es erwerben?	alle Fächer betreffend

Diese übergreifenden interdisziplinären Fragen stehen in deutlichem Kontrast zu jenen, die früher im Klassenzimmer vorherrschten. Im Gegensatz zu Fragen, die an das Wissen der Kinder, an gelernte Fakten appellieren, die die Anwendung einer Formel überprüfen oder die Kinder ein Wort buchstabieren lassen, sind philosophische Fragen ihrem Wesen nach strittig. Sie verlangen nicht nach einer korrekten Antwort. Sie benötigen weitergehende Untersuchung und lassen eine Vielzahl von unterschiedlichen Antworten zu, die den einen oder anderen Vorzug haben. Sie verweisen auf Probleme, die nicht durch Ausrechnen, durch Nachschlagen oder durch Reproduzieren des zuvor Gesagten zu lösen sind. ***Sie fordern die Kinder auf selbst nachzudenken.***

Natürlich werden Routine-Fragen auch weiterhin eine wichtige Rolle in der Klasse spielen. Aber glücklicherweise haben wir in den letzten Jahren erkannt, wie wichtig es ist auch offene Fragen, die weiterführendes Denken verlangen, zu stellen. Philosophische Fragen sind Musterbeispiele für diesen letztgenannten Fragentypus.

Berücksichtigt man das Wesen ihrer Fragen, so ist die Philosophie nicht die isolierte, esoterische Disziplin, für die sie gemeinhin gehalten wird, sondern eine, die zwischen den verschiedenen Disziplinen Verbindungen herstellt und zu ihrem Verständnis beiträgt. Wir könnten sie uns als einen gewaltigen Hauptbahnhof vorstellen, von dem aus Gleise zu anderen Disziplinen führen, auf denen wir in verschiedene Richtungen hin- und herfahren. Oder aber man sieht in der Philosophie – um eine andere Metapher zu verwenden – statt einer exzentrischen Erweiterung des Grundschulunterrichts die Nabe im Rad der Erziehung.

Philosophische Werkzeuge und Methoden

Wenn Chirurgen eine Operation durchführen, wählen sie die notwendigen Instrumente aus und benutzen sie um eine bestimmte Methode, die sich bewährt hat, auszuführen. Analog dazu greifen Philosophen, wenn sie ein Problem bearbeiten, zu geeigneten intellektuellen Werkzeugen und suchen nach zuverlässigen Wegen des Denkens. Da Werkzeug und Vorgehensweise des Philosophen das Denken unterstützen soll, ist der Blick der Philosophie immer auf den Denkprozess gerichtet. Um ein momentanes Modewort zu verwenden: Die Philosophie ist im höchsten Maße eine meta-kognitive Disziplin. Sie beschäftigt sich nicht nur mit dem Denken über philosophische Probleme, sondern auch intensiv mit dem Nachdenken über das eigene Denken. Das ist einer der Gründe, warum sie aus pädagogischer Sicht so wertvoll ist. Geht man außerdem davon aus, dass in der Grundschule die Grundlagen für gutes Denken geliefert werden, kann die Philosophie, die sich intensiv damit beschäftigt, nur eine große Hilfe dabei sein.

Kinder können lernen viele Werkzeuge aus der Werkzeugtasche des Philosophen zu benutzen. Diese enthält Werkzeuge für Aufgaben wie:

- die Grenzen eines Begriffs erkunden,
- Kriterien entwickeln,
- begriffliche Verbindungen aufdecken,
- Begriffe definieren,
- Dinge klassifizieren,
- logische Verbindungen erkennen,
- deduktive Schlüsse ziehen,
- einschränkende Äußerungen analysieren,
- Analogien herstellen.

Wenn wir diese Werkzeuge in der Klasse verwenden und den Kindern zeigen, wie man sie benutzt, bauen wir die geistigen Vorgehensweisen aus, die eine reiche begriffliche Entwicklung und ein sicheres logisches Denken fördern. Wir werden auch die Entwicklung jener Gewohnheiten vorantreiben, die die Kinder effektiver am eigenen intellektuellen Wachstum teilhaben lassen und sie befähigen besser eigenständig zu denken. In den Kapiteln 6 und 7 werde ich einige Werkzeuge vorstellen, die für diesen Zweck geeignet sind.

Abgesehen von den speziellen Werkzeugen gibt es allgemeinere Methoden für intellektuelle Fragestellungen, die wir im Klassenzimmer beachten sollten. Auch wenn Philosophie eine sehr technische Disziplin sein kann, unterscheiden sich ihre grundlegenden Methoden kaum vom reflektiven Denken in anderen Bereichen – sei es nun im Klassenzimmer, im Alltag oder an der Universität. Diese Methoden sind zum Beispiel:

- hilfreiche Fragen stellen,
- sinnvolle Unterscheidungen machen,
- relevante Schlüsse ziehen,
- anfechtbare Vermutungen hinterfragen,
- auf wichtige Konsequenzen achten,
- Möglichkeiten erkunden,

- - bessere Alternativen suchen,
- - Gründe nennen und nach Gründen suchen,
- - fundierte Urteile fällen.

Wenn man Philosophie in der Klasse unterrichtet, sollte man auf dieses grundlegende Vorgehen besonders achten. Wenn Sie genauer darüber nachdenken, werden Sie feststellen, dass diese Punkte für alle Disziplinen hilfreich sind und dass jene, die sich ihre Anwendung zur Gewohnheit machen, jedes Thema intelligent angehen.

Die Forschungsgemeinschaft

Um die Möglichkeiten, die die Philosophie uns bietet, zu nutzen benötigen wir für die philosophische Diskussion einen angemessenen Rahmen. Da uns unser Lernmodell von sozialen Praktiken und äußeren Handlungen zu individuellen Praktiken und geistigen Handlungen führt, wird dies ein Rahmen sein, in dem die Kinder das Fragen als eine soziale Handlung lernen und internalisieren. Es geht mit anderen Worten darum den Kindern das gemeinsame Fragen beizubringen. Denn wenn wir wollen, dass die Kinder sich selbst Fragen stellen, müssen sie erst lernen sich gegenseitig zu befragen. Wenn sie selbständig logisch denken sollen, müssen sie erst mit anderen das logische Denken lernen. Wenn sie sich selbst in den Standpunkt einer anderen Person hineinversetzen sollen, müssen sie zunächst lernen, die anderen zu befragen. Kurz gesagt, wenn wir Kindern das eigenständige Denken beibringen wollen, müssen sie zuvor zusammen nachdenken.

Daraus ergibt sich fast von selbst, dass wir die grundlegenden philosophischen Methoden als primäre Prozesse des intellektuellen Austauschs behandeln müssen. Am offensichtlichsten drückt sich dieser Rahmen in der Klassendiskussion aus. Es ist eine Diskussion, in der die Kinder sich gegenseitig Fragen stellen, Gründe nennen, die verschiedenen Standpunkte anhören und so könnte man alle weiteren eben aufgelisteten Punkte nennen. Dabei handelt es sich offenkundig um eine kooperative Tätigkeit, in der die Klasse eine Gemeinschaft von Menschen wird, die gemeinsam Fragen stellen – was Lipman eine Forschungsgemeinschaft nennt. Da es sich

Die Rolle des Lehrers oder der Lehrerin ist komplex und ändert sich ständig. Hier hört der Lehrer aufmerksam einem Kind zu, das sich an der Diskussion in der Klasse beteiligt.

um eine philosophische Fragestellung handelt, können wir es auch eine philosophische Forschungsgemeinschaft nennen.

Die Rolle der LehrerInnen in der Forschungsgemeinschaft ist komplex und wechselt ständig: Mal leiten sie die Gruppe, mal sind sie auch einfach nur Zuhörer. Natürlich müssen sie die Kinder durch die Diskussion führen. Wenn die Kinder lernen sollen, wie eine philosophische Diskussion funktioniert, muss es ihnen beigebracht werden. Aber die LehrerInnen sollten nicht dominant sein und es den Kindern dadurch erschweren die Zügel selbst in die Hand zu nehmen. Zu wissen, wann und wie man die „Zügel übergibt" um sie im richtigen Zeitpunkt wieder aufzunehmen, ist genauso wichtig wie zu wissen, wie eine philosophische Diskussion funktioniert. Dies verlangt enorme pädagogische Fähigkeiten. Deshalb sollten Sie sich von ihren ersten – vielleicht nicht allzu erfolgreichen – Versuchen nicht entmutigen lassen. Wenn Sie und ihre SchülerInnen einmal ein Gespür dafür entwickelt haben, werden sie die Fähigkeiten rasch erwerben. Außerdem kann eine philosophische Diskussion auch dann viel Spaß machen und Gewinn bringend sein, wenn die Dinge nicht so gut laufen wie Sie es sich vorgestellt haben. Die praktischen Einzelheiten, wie man eine Forschungsgemeinschaft aufbaut, werden detailliert in Kapitel 4 beschrieben. Dort finden Sie auch einige Ratschläge zur Diskussionsleitung.

Unterrichtsmaterialien

Kinder werden nicht wirklich an einer philosophischen Diskussion teilhaben, wenn das behandelte Problem oder Thema *sie nicht interessiert, ihre Fantasie nicht anregt oder sie nicht bewegt.* Deshalb werden Sie die Unterrichtsmaterialien nicht verwenden können, die nicht das philosophische Interesse der Kinder wecken. Ein Text, der den Kindern bloß das Wesen der Philosophie oder philosophische Ideen erklärt, wäre sicher nicht geeignet. Er würde den Kindern vor allem vermitteln, dass Philosophie etwas zum Lernen und nicht zum Tun ist. Auf der anderen Seite üben narrative Texte auf Kinder einen sehr starken Reiz aus. Sie sprechen die Gefühle, Ansichten und Werte der Kinder an und beflügeln ihre Fantasie. Ob in zu diesem Zweck geschriebenen Geschichten, in sorgfältig ausgewählten Kinderbüchern, beim Film oder im Theater, das Erzählen hat auf Kinder eine fast magnetische Wirkung und zieht sie in ihren Bann. Und das ist genau das, was wir brauchen um Kinder zum Denken zu bringen.

Die von Ihnen ausgewählten Materialien sollten sowohl philosophisches Potential als auch Gegenwartsbezug in einer Form aufweisen, die sie für eine philosophische Diskussion offen hält. Speziell zu diesem Zweck geschriebene Geschichten werden diesen Anforderungen natürlich gerecht, da sie in dieser Weise konzipiert wurden. Allerdings eignet sich auch eine große Anzahl von Kinderbüchern und anderen anregenden Materialien, obwohl Sie dann entsprechende Stellen aussuchen müssen. Das ist nicht so schwierig, wie es vielleicht zunächst aussehen mag. In Kapitel 3 werden wir über die Dinge sprechen, die sie im Auge behalten müssen, wenn sie Literatur auswählen.

Und schließlich werden Sie und die Kinder im Verlauf der Diskussion bald merken, dass ein Diskussionsplan sehr hilfreich ist. Er gibt der Diskussion, wo es notwendig ist, eine Struktur mithilfe eines Fragenkatalogs, der ein

Konzept, Problem oder Thema untersucht. (Vgl. dazu in der Arbeitsmappe ***Sterben Äpfel auch?*** die „Diskussions-Vorschläge".) Darüber hinaus kann man eine Vielzahl von Übungen einbauen, mit deren Hilfe die Fragestellung erweitert oder die Diskussion vervollständigt wird. Bereits erstellte Materialien bieten den Vorteil durchdachter Übungen und Diskussionsentwürfe. Unabhängig davon, ob Sie diese benutzen, selber noch bearbeiten oder sich eigene ausdenken, ist es jedoch wichtig zu verstehen, wie sie funktionieren. Wir werden daher in Kapitel 5, das die Grundelemente zum Erstellen eines Diskussionsplans vorstellt und Sie durch Beispielübungen führt, darauf zu sprechen kommen, damit Sie mit diesen Hilfsmitteln vertraut werden.

Anmerkungen

[13] Vgl. Matthew Lipman, Ann Margaret Sharp & Frederick S. Oscanyan. *Philosophy in the Classroom*.
Philadelphia: Temple University Press 1980².

Matthew Lipman. *Philosophy Goes to School*.
Philadelphia: Temple University Press 1988.

Matthew Lipman. *Thinking in Education*.
New York: Cambridge University Press 1991.

[14] Eine Liste von Lipmans Kindergeschichten findet sich im Abschnitt „Kinderbücher und Unterrichtsmaterialien" in der Bibliographie.

TEIL II

Die Aufgaben des Lehrers

KAPITEL 3

Geschichten auswählen

Wenn es darum geht Material für eine philosophische Diskussion in der Klasse auszuwählen, gibt es einige Kriterien, die Sie beachten sollten. Ich werde gleich auf diese Kriterien zu sprechen kommen und Ihnen dann anhand einer Geschichte zeigen, wie Sie den philosophischen Gehalt ermitteln können. Sie werden nicht viele Kinderbücher finden, die ***alle*** von mir genannten Kriterien erfüllen. Es geht aber auch eher darum Geschichten auszuwählen, die die von mir beschriebenen Hauptkriterien erfüllen. Darüber hinaus können Sie entscheiden, ob die anderen – vorhandenen oder fehlenden – Aspekte die Geschichte ungeeignet machen. Wie wir sehen werden, ist auch die am Ende dieses Kapitels behandelte Geschichte nicht ideal, sie erfüllt aber trotzdem ihren Zweck und kann für eine philosophische Diskussion in der Klasse verwendet werden.

Philosophische Themen

Das erste, was Sie in einer Geschichte überprüfen müssen, ist, ob sie philosophisch vielversprechend ist. Ich werde Ihnen gleich einige solcher Geschichten kurz vorstellen. Aber ich möchte Ihnen vorab versichern, dass Sie keine akademische Vorbildung in der Philosophie benötigen um eine gute Entscheidung zu treffen. Fragen Sie sich einfach, ob die Geschichte eine generelle Frage, ein allgemeines Thema oder Problem anspricht (oder besser noch dieses sogar ***erforscht***), das nicht durch einfache Beobachtung, Berechnung oder bloßes Faktenwissen gelöst werden kann. Wenn die

Geschichte eine solches Thema erforscht oder so eine Frage anspricht, dann sind diese Frage oder dieses Thema mit ziemlicher Sicherheit philosophisch.

Philosophie zeichnet sich vor allem durch ein spezifisches Interesse aus, mit dem sie sich einem Thema nähert. Geschichten mit philosophischer Neigung weisen oft einen ähnlich spezifischen Blickwinkel auf. Viele Kinderbücher behandeln z.B. Aspekte der Freundschaft, obwohl das Thema nicht immer so aufbereitet wird, dass es die philosophische Neugier weckt. Wenn eine Geschichte aber das Wesen der Freundschaft – was es bedeutet ein Freund zu sein – aufwirft oder Fragen zu den Grenzen zwischen Freundschaft und anderen Beziehungen stellt, dann ist die Behandlung des Themas bis zu einem gewissen Grad philosophisch. Zum Beispiel gibt es eine einfache Geschichte von Kerry Argent, ***Friends***, in der von Woolly Wombat und seinem Freund Bandicoot erzählt wird.[15] In der Geschichte erfahren wir, dass sie zusammen leben, zusammen essen, zusammen Spaß haben. Manchmal streiten sie sich, aber irgendwann vertragen sie sich wieder. Auf der Basis dieser Geschichte könnten Sie die Kinder fragen, ob sich Freunde immer so verhalten und ob es auch Menschen gibt, die nicht befreundet sind und sich trotzdem so verhalten. Sie könnten dann mit der Diskussion fortfahren und fragen, welche anderen Dinge eine Freundschaft ausmachen. Wenn die Fragen „Was ist ein Freund?“ und „Worin unterscheidet sich Freundschaft von anderen Beziehungen?“ aufkommen und wir darüber nachdenken, dann haben Sie den spezifischen Blickwinkel, von dem ich gesprochen habe. Es sind generelle, offene Fragen, die nicht durch Überprüfen in einem Nachschlagewerk oder durch unstrittige, eindeutige Fakten beantwortet werden können. Der, der die Frage stellt, kann das Wort „Freund“ vielleicht genauso gut definieren wie die anderen. Was der Fragende anstrebt, ist ein tieferes Verständnis, ein genaueres Artikulieren der eigenen Erfahrung. Kurz gesagt weisen diese Fragen in die Richtung des philosophischen Nachdenkens, eines Nachdenkens, an dem Philosophie und Literatur beteiligt sind.

Eine Geschichte ist für die philosophische Klassendiskussion geeignet, wenn sie diese generellen, offenen Fragen aufwirft. Lassen Sie mich diesen Punkt verdeutlichen, indem ich verschiedene Geschichten kurz vorstelle, bestimmte Elemente darin aufgreife und im Anschluss drei oder vier generelle Fragen formuliere, die uns von der Geschichte weg und zu einem philosophischen Thema hinführen. Jedes dieser Themen wurde zu irgendeinem Zeitpunkt in der Geschichte der Philosophie diskutiert.[16]

Prinzessin Pfiffigunde:

Prinzessin Pfiffigunde verwandelt einen Prinz in einen Frosch. Sie kehrt damit das traditionelle Schema der Märchenprinzessin um.

◆ - Inwiefern unterscheidet sich Prinzessin Pfiffigunde von den meisten anderen Märchenprinzessinnen? ◆

◆ - Wenn eine Prinzessin sich nicht so benimmt, wie man es von ihr erwartet, hat sie dann etwas falsch gemacht? ◆

◆ - Bis zu welchem Punkt sollten wir uns so benehmen, wie man es von uns erwartet? ◆

Die kleine Raupe Nimmersatt:

An einem sonnigen Sonntagmorgen schlüpft die kleine Raupe Nimmersatt aus ihrem kleinen weißen Ei und frisst sich durch die Woche. Nachdem sie alles Essbare, das in ihrem Weg liegt, gefressen hat und eine dicke, fette Raupe aus ihr geworden ist, baut sie sich einen Kokon. Zwei Wochen später hat sie sich in einen wunderschönen Schmetterling verwandelt.

◆ - War der Schmetterling das gleiche Lebewesen wie die Raupe? ◆

◆ - Wirst du die gleiche Person wie jetzt sein, wenn du ein Mann oder eine Frau geworden bist? ◆

◆ - Inwiefern wirst du dieselbe Person sein oder inwiefern wird diese Person eine andere sein? ◆

Whistle up the Chimney:

Immer wenn Mrs. Millie Mack alte Eisenbahnschwellen ins Feuer wirft, fährt ein Zug pfeifend den Schornstein herunter, durch das Haus und hinaus in die Nacht.

◆ - Warum kommen die Züge in Mrs. Millie Macks Haus? ◆

- Kannst du in der Regel vorher sagen, welche Folgen etwas haben wird?
- Hätten die Folgen einer Sache auch ganz andere sein können als die, die wirklich eingetreten sind?

Der Zauberpudding:

Sam Sawnoff und Albert Barnacle zeigen Bunyip Bluegum einen Zauberpudding, der immer ganz bleibt, egal wie viel man davon isst.

- Kannst du dir vorstellen, wie der Pudding ganz sein kann, wenn doch Teile davon gegessen wurden?
- Kannst du dir beide, keine oder nur eine der folgenden Lösungen vorstellen?

  (1) Ein Teil des Puddings wurde gegessen, aber er war noch immer vollständig.

  (2) Ein Teil des Puddings wurde gegessen, aber er wurde eigentlich nicht gegessen.

- Sind manche Dinge so unmöglich, dass wir sie uns nicht vorstellen können?

Aldo:

Ein einsames Mädchen hat nur einen ganz besonderen Freund mit Namen Aldo. Aldo ist ein Freund, von dem niemand weiß. Er hilft dem Mädchen und tröstet es, wenn es Angst hat, einsam oder traurig ist. An manchen Tag vergisst sie Aldo völlig, aber sie weiß, dass er immer da sein wird, wenn es ihr nicht so gut geht.

- Warum ist Aldo ein ganz besonderer Freund?
- Was macht einen ganz besonderen Freund aus?
- Hattest du jemals einen Freund, den es nur in deiner Vorstellung gab?
- Ist ein imaginärer Freund wirklich ein Freund?

Tim, der Ausreißer:

Als Tim mit seiner Mutter auf dem Markt Einkäufe macht, wird er wütend, läuft beleidigt weg und verirrt sich. Auf der Suche nach dem Rückweg trifft er auf eine strickende Frau, die immerzu den Faden verliert, einen gedankenverlorenen Mann und einen Mann, der sein Gedächtnis verloren hat. Er trifft einen Papagei, der seine Stimme verloren hat, einen Kapitän, der seine Standfestigkeit verloren hat und einen Fischhändler, der seinen Geruchssinn verloren hat. Am Ende trifft er einen alten Soldat, der ihm sagt, dass er nirgends ist. Aber es ist noch nicht alles verloren. Der Soldat zeigt ihm den Weg zurück zum Marktplatz.

◆ - Welche Dinge sind in der Geschichte verloren gegangen? ◆

◆ - Kannst du erklären, was die verschiedenen Verluste unterscheidet? ◆

◆ - Kannst du den Unterschied erklären: ◆

(1) Tim kam sich auf dem Marktplatz ganz verloren vor.

(2) Der Reifen verliert Luft.

(3) Da hat Anne den Kopf verloren und lief weg.

(4) Viktor möchte eine Geschichte erzählen, aber er verliert sich in Details.

Es ist wichtig sich klarzumachen, dass Philosophie spielerisch und sogar knifflig sein kann und deshalb den Kindern oft viel Spaß macht. Das wird nirgends deutlicher als im spielerischen Umgang mit Begriffen und der Liebe zum Paradox, die sich in zahlreichen Kinderbüchern findet.

Ein weiteres Beispiel stammt von Lewis Carroll, dem altehrwürdigen Freund der Wortspiele und Paradoxa:

> „Sagtest du eben »Schweinchen« oder »Steinchen«?“ fragte sie. „Ich sagte »Schweinchen«“, erwiderte Alice. „Aber möchtest du, bitte, nicht so plötzlich auftauchen und wieder verschwinden. Davon wird mir ganz schwindelig!“

„Kannst du haben“, sagte die Katze und verschwand nun ganz langsam, angefangen von der Schwanzspitze bis zu ihrem Grinsen; und das blieb noch eine ganze Weile stehen, nachdem alles übrige längst nicht mehr zu sehen war.
„Na, so was!“, staunte Alice. „Eine Katze, die grinst, mag es ja geben; aber ein Grinsen ohne Katze – das ist doch das Allerverrückteste auf der ganzen Welt!“[17]

Zweifelsohne! Denn wie kann es ein nur ein Grinsen geben und nichts als ein Grinsen? Es ist wie ein Winken ohne Hand oder wie ein Gedanke ohne Denker! Diese Dinge amüsieren uns durch ihr herrliches Missachten der Grenzen der realen Welt. Sie sind Rätsel, die uns helfen halbrealisierte Möglichkeiten unserer Begriffe zu artikulieren. Sie sind von unschätzbarem Wert und warten nur darauf von der philosophischen Neugier der Kinder entdeckt zu werden.

Offenheit für Fragen

Sie sollten immer nach Geschichten suchen, die dem Leben aufgeschlossen gegenüber stehen, damit die Kinder ermutigt werden sich zu wundern, Fragen zu stellen, Vermutungen zu äußern und etwas zu erforschen. Wenn die ausgewählten Autoren selbst neugierig sind und Fragen stellen, nachdenken und forschen, werden sie diese Dinge auch in den Kindern wecken.

Das Fragen wird in Geschichten oft auf eine bestimmte Art und Weise dargestellt, z.B. als Suche oder Geheimnis, Problem oder Schwierigkeit, die die Figuren bestehen oder lösen müssen. Auch wenn die Handlung nicht vom Fragen bestimmt ist, sehen Sie sich Dialoge und Handlung an, ob das Fragen im Text eine Rolle spielt. Überprüfen Sie, ob die Figuren:

- neugierig sind,
- erstaunt sind,
- Fragen stellen,
- nach Erklärungen suchen,
- Gründe nennen,
- Alternativen erwägen,
- nach Beweisen suchen,
- sich selbst korrigieren.

Das heißt aber nicht, dass die Figuren gleichzeitig exzellente oder kompetente Fragende sein müssen. Als sich Winnie-der-Pu und seine Freunde aufmachen um nach Klein zu suchen (der „verlorengegangen" ist), können wir sicher sein, dass Vergesslichkeit und mangelnde Urteilskraft zu herrlichen Missgeschicken führen werden.[18] Pu vergisst zu fragen, wie Klein aussieht. So entwirft er einen Plan, dessen erster Schritt es ist, Ferkel (der alles über Klein weiß) an einer anderen, nicht näher beschriebenen speziellen Stelle zu finden. Glücklicherweise muss Pu seinen Plan nicht lange verfolgen, bis er auf Ferkel stößt. Da er nicht aufpasst, wo er langgeht, fällt er bald in eine Grube und direkt auf Ferkel drauf. Er hält Ferkels Hilferufe für seine eigenen und glaubt, die quiekende, unkontrollierbare Stimme sei der Beweis dafür, was für einen schweren Unfall er hatte. Natürlich kommt heraus, dass Pu und Ferkel irgendwann selbst dieses Loch gegraben hatten um Heffalumps zu fangen, obwohl Pu meint, sie wären in eine Heffalump-Falle für Pus gegangen. Die Frage, wie man ein Heffalump behandeln soll, löst eine interessante Unterhaltung aus: Pu entwirft einen völlig unüberzeugenden Plan, den Ferkel – nicht ganz frei von Selbstbetrug – begeistert weiterspinnt. Leider wird Ferkels Plan direkt auf die Probe gestellt, da Christopher Robin zufällig zur Grube kommt und fälschlicherweise für einen Heffalump gehalten wird. Aber was passierte mit der Suche nach Klein? Sie hatten nicht bloß nicht weitergesucht, sie hatten es vollständig vergessen. (Eine Sache, die uns allen hin und wieder passiert, vor allem jedoch Kindern.) Aber zum Glück wird Klein auf Pus Rücken entdeckt und so geht alles gut aus. Das heißt, alles geht gut aus, aber keiner benachrichtigt I-Ah vom Ende der Suche. Deshalb sucht er im Wald noch zwei Tage lang weiter. Dieses Kapitel aus A.A. Milnes Klassiker ***Pu baut ein Haus*** ist ein hervorragender Unterrichtsgegenstand für jüngere Kinder. Gerade die Dinge, die nicht funktionieren, werden sie hier zum Nachdenken anregen.

Spätestens seit Äsops Fabeln stellen moralische Themen einen Strang in der Literatur für Kinder dar. Ein Faden dieses Strangs behandelt das Thema aufgrund eines moralischen Dilemmas eine Entscheidung treffen zu müssen. Ein anderer Faden ist der Kampf zwischen Gut und Böse und wieder ein anderer die Entwicklung moralischer Eigenschaften wie Mut oder Selbstachtung. Die Ethik ist ein wichtiger Bereich der Philosophie und sie sollte auch in philosophischen Diskussionen in der Klasse behandelt werden. Aber Sie sollten bei der Auswahl spezifisch moralischer Themen sehr vorsichtig sein, denn Schriften dieser Art sind oft belehrend.

Eine ethische Diskussion unterscheidet sich jedoch von der moralischen Unterweisung. Die ethische Diskussion in der Klasse soll den Kindern helfen über ethische Themen nachzudenken und sich mehr mit der ethischen Dimension ihres Lebens auseinander zu setzen. Sie hat nichts zu tun mit der Vermittlung bestimmter moralischer Wertvorstellungen oder Prinzipien. Es geht also weniger darum den Kindern zu sagen, was richtig oder falsch ist, vielmehr soll in einer ethischen Diskussion besprochen werden, was eine Handlung zu einer falschen oder richtigen macht – ob die Konsequenzen ausschlaggebend sind oder die Zustimmung der Gesellschaft oder wie die Handlung in Bezug auf ein bestimmtes moralisches Gesetz zu sehen ist. Die Kinder sollten nicht zu einem bestimmten moralischen Schluss gezwungen werden, sondern über verschiedene Haltungen und Werte diskutieren. Wenn eine Geschichte die Frage stellt „Was ist die Moral?" oder die Kinder mit moralischen Lehrsätzen konfrontiert, sollten Sie sich davor in Acht nehmen. Suchen Sie Material aus, das verschiedene Anschauungen darstellt und untersucht und den Kindern erlaubt ihre eigenen Schlüsse zu ziehen. Das von Ihnen ausgewählte Material sollte auf dem Gebiet der Moral wie in allen anderen Bereichen den offenen, fragenden Aspekt unterstützen. Eine Version von Äsops Fabeln ohne moralische Imperative ist Tony Ross' kluge Bearbeitung des Stoffes in ***Fuchs Fabelhaft***. Eine regelrechte Untergrabung der ursprünglichen moralischen Intentionen sind Roald Dahls Nacherzählungen einiger traditioneller Kindergeschichten und Märchen in seinen ***Revolting Rhymes***.[19]

Abgesehen vom philosophischen Gehalt und der Offenheit für Fragen, sollten Sie auch nach Geschichten suchen, die viel Dialog enthalten. Wenn die Kinder alt genug sind, lassen Sie sie mit verteilten Rollen lesen bzw. eine Dialogpassage vorspielen. In Dialogen können die Unterschiede der Figuren gezeigt werden, ihr logisches Denken, ihr Austausch von Ideen, die aufeinander aufbauenden Gedanken und all das, was Sie von den Kindern in der Diskussion danach erwarten. Wenn der Dialog erforschend ist, wenn er verschiedene Überlegungen anstellt, wenn er Menschen zeigt, die gemeinsam nachdenken, wird er die Kinder stimulieren dasselbe zu tun. Natürlich ist es umso besser, je mehr Dialog zwischen Kindern stattfindet.

Wenn Sie illustrierte Kinderbücher verwenden, denken Sie auch über die Illustrationen nach. Drücken sie Ideen aus? Sind sie evokativ? Gibt es da etwas, worüber man sich wundert? Fantasievolle Illustrationen können ein Kapital sein. Sie können die Kinder auch dazu führen philosophische Fragen zu stellen. Denken Sie an ein Buch wie Eric Carles ***I see a song***.[20] Abgesehen von der ersten Seite besteht das ganze Buch nur aus Bildern. Diese wundervollen und imaginativen Bilder entführen uns ins Reich der Metapher: Die Musik spricht, wir hören Farben, sie tanzen etc. Dieses Buch könnte Fragen zum Verhältnis zwischen Kunst und Musik sowie zwischen dem Geruchs- und dem Hörsinn aufwerfen.

Auf die gleiche Weise können fantasielose Bilder gegen Sie arbeiten. Es kann von Nachteil sein, wenn Kinder feststellen, dass die Dinge anders dargestellt sind, als sie sie sich vorgestellt haben. Deshalb denken Sie zweimal über ein Buch nach, dass viele Bilder enthält, die die Fantasie der Kinder einengen.

Den Text analysieren

Nun werde ich mit Ihnen einen Text durchgehen um Ihnen zu zeigen, wie ich ihn analysieren würde. Es ist eine Version der Geschichte von Wilhelm Tell.[21] Ich habe an den Rand des Textes einige wichtige Vorfälle und Ideen geschrieben, von denen ich glaube, dass sie vielleicht eine philosophische Diskussion in der Klasse stimulieren. Gleichzeitig kann ich sie zur Vorbereitung von Übungen und zur Erstellung von Diskussionsvorschlägen verwenden. Möglicherweise würden Sie mitunter andere Aspekte an den Rand schreiben, aber solange sich Ihre Liste an die Schlüsselbegriffe und zentralen Ideen hält, ist sie gut.

Ich sollte vielleicht erwähnen, dass der Text ursprünglich nicht für die Klassendiskussion gedacht war. Vielleicht würden Sie diesen Text nicht aussuchen. Er ist eine Volkssage und behandelt daher komplexe historische Vorgänge in einfacher Form. Ich habe den Text zum einen ausgewählt, weil er eine abgeschlossene Geschichte ist, die – aufgrund ihrer Kürze – gut in dieses Buch integriert werden konnte, zum anderen aber auch, weil er bei genauerer Betrachtung eine Menge philosophischer Themen enthält.

Wilhelm Tell

Eine Geschichte aus der Schweiz

Weißt du, wo die Schweiz ist? Sie ist da, wo ich herkomme. Mein Großvater sagt, unsere Familie lebt schon so lange in der Schweiz wie sich irgendein Mensch erinnern kann.

von einem anderen Land regiert, hartes Gesetz, Selbstbestimmung

Vor vielen Jahren wurde unser Land von einem anderen Land in der Nähe regiert, das Österreich heißt. In Schweizer Legenden werden die österreichischen Herrscher grausam und brutal dargestellt und den Schweizern sagt man nach, sie hätten sich oft über die strenge Behandlung, die sie erdulden mussten, beklagt. Sie sehnten sich nach der Zeit, in der sie frei sein würden.

sich einem Befehl widersetzen, Legende, Nationalheld, voller Stolz, verschiedene Blickwinkel

Jahrelang war niemand mutig genug sich gegen die österreichischen Herren aufzulehnen. Bis sich endlich ein Mann mit Namen Wilhelm Tell dem Befehl eines Herrschers widersetzte und die Schweizer dazu aufrief die Östereicher aus dem Land zu vertreiben. Viele Menschen sagen, dass diese Person nie existiert habe und dass die Geschichte seines Lebens nur eine Legende sei. Auf jeden Fall sehen viele Schweizer in ihm einen Nationalhelden. Sie sprechen voller Stolz von ihm als von einem, der sein Volk dazu gebracht hat ihr Land aus österreichischer Herrschaft zu befreien. Jetzt werde ich euch die Geschichte von Wilhelm Tell erzählen und was vor langer Zeit geschah. Es ist zumindest eine Geschichte dessen, was geschah. Wenn ich ein Österreicher und nicht ein Schweizer wäre, würde ich euch vielleicht eine ganz andere Geschichte über die gleichen Ereignisse erzählen. Vielleicht würde ich dann anders über sie denken.

Ungerechtigkeit,
von Stolz gebläht

Eines Tages kam ein neuer Landvogt namens Gessler aus Österreich. Er behandelte die Schweizer hart und ungerecht. Er war so von Stolz gebläht, dass er einmal seinen roten Hut an einem Stab auf den Marktplatz hängte und jedem Vorübergehenden befahl sich zu verbeugen.

Sollen wir immer das tun, was man uns sagt?

Einige der Menschen taten, was man ihnen gesagt hatte. Aber der mutige Jäger Wilhelm Tell, der auf dem Marktplatz mit seinem Jungen war, weigerte sich.

Fragen nach Gründen,
Mut,
Trotz,
Stolz

„Warum verbeugst du dich nicht wie alle anderen?“ fragte der Sohn. „Weil ich kein Sklave bin“, antwortete er. „Der Tag wird kommen, wenn diese Tyrannen aus unserem Land vertrieben werden.“ Dann hob er stolz seinen Kopf und ging vorüber.

Als Gessler hörte was vorgefallen war, war er aufgebracht und befahl, Wilhelm Tell solle gefangen genommen werden. Bald wurden er und sein Sohn vor Gessler gebracht.

der Beste sein,
Ruf

„Wie ist dein Name, Schweizer?“ fragte Gessler. „Tell ist mein Name – Wilhelm Tell.“ „Ach wirklich, du bist Tell!“ spottete Gessler. „Ich habe schon von dir gehört. Man sagt, du seist der beste Bogenschütze im Land. Sage mir, ob das stimmt?“

Vorsicht

Wette

„Nun – ich bin in Wettkämpfen gegen viele gute Schützen angetreten“, sagte Tell vorsichtig.
„Ich würde gerne eine Kostprobe deiner Fähigkeiten sehen“, fuhr Gessler fort. „Und ich verspreche dir sogar, wenn du das Ziel triffst, vergesse ich die Sache mit dem Hut und lasse dich frei.“

„Selbstverständlich werde ich für sie schießen“, sagte Tell. „Welches Ziel nehmen wir?“ „Ist dies dein Sohn?“ wollte Gessler wissen. „Ja.“„Ist er ein mutiger Junge?“ „Ich glaube schon.“ „Gut!“ kicherte

Gessler. „Dann kann er uns behilflich sein. Der Junge soll sich vor diese große Eiche stellen. Legt den Apfel auf seinen Kopf. Wenn du mit einem Schuss den Apfel triffst, bist du ein freier Mann.“

Liebe, Angst, Wut

Tell befindet sich in einem moralischen Konflikt

Ein Raunen des Staunens und Entsetzens ging durch die Reihen der Soldaten. „Was!“ rief Tell. „Sie wollen, dass ich auf meinen Jungen ziele, meinen einzigen Sohn? Niemals! Nicht für sie und niemanden auf dieser Welt!“

Mut und Vertrauen,

Schlussfolgerung

„Vater!“ sagte der Junge. „Ja?“ sagte Tell und seine Stimme zitterte. „Vater, ich werde ganz ruhig stehen bleiben. Du schießt niemals daneben. Du triffst den Apfel, ich weiß es.“ „Gut, mein Junge“, kicherte Gessler, „sehr gut.“ „Ich bin fertig, Vater.“ „Na los, Tell!“ sagte Gessler. „Dies ist der wichtigste Schuss in der Geschichte des Bogenschießens! … Warum hat er zwei Pfeile aus dem Köcher genommen. Ich dachte einer sei genug.“ Er kicherte wieder.

Glaube, Fähigkeiten

Wilhelm Tell zielte und flüsterte „Gott, steh mir bei.“ D-o-i-n-g! Die Soldaten atmeten auf und jubelten Beifall.

„Gott sei Dank“, seufzte Tell erleichtert, „mein Junge ist in Sicherheit.“ „Ein vortrefflicher Schuss“, sagte Gessler, „aber wozu brauchst du den zweiten Pfeil?“

Gerechtigkeit und Rache

„Für sie“, antwortete Tell. „Wenn ich meinem Sohn ein Haar gekrümmt hätte, wäre dieser Pfeil ihnen ins Herz gefahren.“

Was ist Verrat?

„Verräter!“ rief Gessler. „Ergreift ihn, Männer. Haltet ihn.“

Gefangenschaft

In schweren Ketten gelegt wurde Wilhelm Tell in ein Boot geschleppt, das Gessler zurück ins Schloss bringen sollte. Unterwegs kam plötzlich ein Sturm auf und da Tell als einziger Mann das Boot steuern konnte, wurde er losgemacht und übernahm das Ruder. Geschickt lenkte er das Boot an einem Felsen vorbei und zum Ufer. Dann, bevor eine Hand ihn zurückhalten konnte, sprang er ans Ufer und lief davon.

Rache üben

Aber er hatte Gessler nicht vergessen. Er eilte zum Schloss, versteckte sich am Wegrand im Gebüsch und als Gessler vorüberritt, zielte Tell sorgfältig und schoss ihm ins Herz.

Kämpfen
für die Freiheit

Die Schweizer bewaffneten sich nun um die Feinde aus dem Land zu vertreiben. Tell wurde ihr Anführer und sie schlugen mehrmals die Österreicher in einer Schlacht. Obwohl er nicht in der Lage war sie vollständig aus der Schweiz zu verjagen, führten seine Siege dazu, dass sein Volk nun viel besser behandelt wurde.

größere Freiheit

Wilhelm Tell lebte noch viele Jahre, aber als 1345 eine große Flut das Tal überschwemmte, indem sein Haus stand, ertrank er mit vielen anderen. Etwa hundert Jahre später wurden die Österreicher aus dem Land verjagt und die Schweiz war endlich frei.

Freiheit der
Selbstbestimmung

Das ist das Ende meiner Geschichte. Wie ich bereits sagte, glauben viele Menschen, diese Geschichte sei wahr. Aber heißt das, dass es keine andere Geschichte über das, was geschehen ist, geben kann? Ich bin sicher. Was meinst du?

eine wahre
Geschichte,
verschiedene
Blickwinkel

Diese Geschichte ist wirklich reich an Begriffen und Themen, die sich für eine philosophische Diskussion eignen. Zu den zentralen Ideen zählt das Recht der Selbstbestimmung, der Wert der Freiheit, das Übel der Tyrannei und die Kraft des Individuums. Genauso offensichtlich sind die Verbindungen von Ungerechtigkeit und Rache, von Tapferkeit und Vertrauen sowie von Liebe und Mut. Um nur eines der Beispiele aufzugreifen, sehen Sie sich die lange Liste von Vokabeln an, die etwas mit Freiheit oder Unfreiheit zu tun haben: ***in Ketten legen, widersetzen, schleppen, verjagen, frei, Herrscher, Anführer, Meister, Befehl, gefangen nehmen, beherrschen, festhalten, Sklave, Tyrann, losmachen.*** Persönliche, moralische und politische Freiheit sind ineinander verwoben und durchziehen die gesamte Geschichte. So zum Beispiel als sich Tell Gesslers Befehl widersetzt und sich nicht vor dem Hut verbeugt oder als er gefangen genommen und in Ketten gelegt wird oder als man ihm die Freiheit verspricht, wenn er sich auf Gesslers grausames Spiel einlässt. Ungeachtet seines literarischen Stellenwerts würde sich dieser Text gut für eine Diskussion in der Klasse eignen.

Ich werde noch einmal auf die Wilhelm Tell Geschichte in Kapitel 5 zu sprechen kommen und zeigen, wie man Diskussions-Vorschläge und Übungen dazu entwerfen kann. Für den Moment hoffe ich, dass Sie nun eine Vorstellung davon haben, nach welchen Kriterien man Geschichten für eine Diskussion in der Klasse auswählen könnte.

Anmerkungen

[15] Kerry Argent. *Friends.*
Ringwood, Victoria: Omnibus/Puffin 1988.

[16] Die im Folgenden genannten Geschichten sind:

Babette Cole. *Prinzessin Pfiffigunde.* (Aus dem Englischen von Ute Eichler)
Hamburg: Carlsen 1986;

Eric Carle. *Die kleine Raupe Nimmersatt.* (Aus dem Englischen von Viktor Christen)
Hildesheim: Gerstenberg 1995;

Nan Hunt. *Whistle up the Chimney.*
Sydney: Collins 1981;

Norman Lindsay. *Der Zauberpudding – Die Abenteuer des Bunyip Bluegum.* (Aus dem Englischen von Christiane Jung)
Hamburg: Olaf Hille Verlag 1993;

John Burningham. *Aldo.* (Aus dem Englischen von Rolf Inhauser)
Frankfurt: Sauerländer 1992;

Alan Marks. *Tim, der Ausreißer.* (Aus dem Englischen von Richard Leitner und Erika Krammer)
Zürich: Michael Neugebauer 1993.

[17] Lewis Carroll. *Alice im Wunderland und was Alice hinter dem Spiegel fand.* (Aus dem Englischen von Barbara Teutsch)
Hamburg: Dressler 1991, S. 66.

[18] A. A. Milne. *Pu baut ein Haus.* (Aus dem Englischen von Harry Rowohlt)
Hamburg: Dressler 1988, Kapitel 3.

[19] Tony Ross. *Fuchs Fabelhaft.* (Aus dem Englischen von Martin Karau)
Berlin: Altberliner Verlag 1992;

Roald Dahl. *Revolting Rhymes.*
London: Puffin Books 1984.

[20] Eric Carle. *I see a song.*
London: Hamish Hamilton 1973.

[21] Die Geschichte stammt aus A.E. Williams & C. Eakins. *New Social Studies Through Activities.*
Sydney: Martin Education 1980.

KAPITEL 4

Eine Forschungsgemeinschaft aufbauen

Da das philosophische Diskutieren für Sie neu sein mag, werde ich in diesem Kapitel diverse Tips geben, wie Sie die Diskussion in der Klasse in Gang bringen. Darüber hinaus stelle ich Dinge vor, die der Lehrer tun (oder *lernen*) muss um eine Forschungsgemeinschaft aufzubauen. Ich habe versucht meine Anregungen kurz und praxisorientiert zu halten. Da Sie vieles besser verstehen werden, wenn Sie erste Erfahrungen gesammelt haben, sollten Sie erwägen auf dieses Kapitel zurückzukommen, wenn Sie die Gelegenheit hatten einige der Vorschläge in die Praxis umzusetzen oder Erfahrungen mit einem Kollegen oder einer Kollegin auszutauschen.

In Gang kommen

Die wichtigste Form des Unterrichts, die ich für das philosophische Nachdenken empfehle, ist die Klassendiskussion, unterbrochen von Gruppenarbeit. Unter Klassendiskussion verstehe ich kein lehrerorientiertes Arbeiten. Auch wenn Sie die Diskussion leiten und die Vorgehensweise auswählen, muss sich die Annäherung an das philosophische Thema nach dem Kind richten. Es ist ungeheuer wichtig sich dieser Tatsache bewusst zu sein und das Philosophieren in der Klasse nicht fälschlicherweise für eine Stunde zu halten, in der die Lehrerin oder der Lehrer etwas vorführt. Lassen Sie mich nun einige grundsätzliche Dinge über die Unterrichtsformen am Anfang sagen, sowohl über die Diskussion mit der ganzen Klasse, als auch über die Arbeit in Kleingruppen.

Die Form der Klassendiskussion

Sie benötigen eine geeignete äußere Form für die Klassendiskussion. Die Kinder müssen so sitzen, dass jedes Kind das Gesicht des anderen sehen kann. Am besten lassen Sie die Kinder im Kreis sitzen, entweder auf ihren Stühlen oder auf dem Boden. Eine Unterrichtseinheit in den unteren Klassen sollte nicht mehr als zwanzig Minuten betragen, in den höheren Klassen der Grundschule bzw. in den unteren Klassen der Sekundarstufe sind eineinhalb Stunden das Maximum. Deshalb ist es in vielen Fällen das Beste die Kinder auf ihren Stühlen zu lassen. Erlauben Sie den Kindern nicht außerhalb des Kreises zu sitzen oder sich in Ecken abzusondern, wo sie nicht voll an der Diskussion teilnehmen. Die übliche Sitzordnung zum Vorlesen, in der die Kinder auf dem Boden vor den LehrerInnen sitzen, ist für unsere Zwecke ebenfalls nicht sinnvoll. Am besten vermeiden Sie jede körperliche Orientierung in Ihre Richtung.

Da Sie ebenfalls kleine Gruppen bilden möchten, versuchen Sie eine Anordnung zu finden, die es den Kindern erlaubt sich mit möglichst geringem Aufwand in kleine Gruppen aufzuteilen und wieder zur Klassendiskussion zusammenzufinden. Die Abbildungen in diesem Buch werden Ihnen einige Möglichkeiten zeigen, mit denen andere LehrerInnen gute Erfahrungen gemacht haben.

Wenn Sie eine Diskussion in der ganzen Klasse leiten, stellen Sie sich so zur Gruppe, dass Sie problemlos an die Tafel, eine Plakatwand o.ä. können um die Fragen der Kinder zu notieren und Übungen durchzuführen. Da die Fragen der Kinder zwischen den Stunden am besten stehen bleiben, ist eine Plakatwand – vorausgesetzt die Blätter sind groß genug – vielleicht die beste Lösung.

Es ist außerordentlich wichtig, dass alle Kinder jederzeit die Möglichkeit haben sich an der Diskussion zu beteiligen. Eine gut geführte Diskussion kann auch dreißig Kindern die aktive Teilnahme ermöglichen. Einige LehrerInnen werden diesen Vorschlag zunächst sicherlich erstaunlich finden, aber die Erfahrung mit der hier empfohlenen Art von Diskussion hat gezeigt, dass das durchaus möglich ist, wenn man das Gespräch aufmerksam und mit den unten beschriebenen Methoden führt.

Wenn Sie in kleineren Gruppen arbeiten wollen, versuchen Sie als Unterstützung eine/n andere/n LehrerIn oder ein Elternteil zu finden, damit Sie die Gruppe aufteilen können. Auf diese Weise haben zum einen alle SchülerInnen die Möglichkeit mehr und länger zu sprechen, zum anderen erleichtert es Ihnen den Unterricht. Auch wenn das nicht möglich ist, könnten Sie – wenn die Klasse einmal ein bisschen erfahren ist – versuchen sie für die Diskussion in zwei Gruppen aufzuteilen: Eine Gruppe arbeitet mit Ihnen, die andere unabhängig (vgl. Foto auf Seite 48). Einige LehrerInnen fanden dieses Vorgehen erstaunlich effektiv.

Zu zweit und in kleinen Gruppen diskutieren

Haben sich die Kinder einmal an die wichtigsten Methoden der Klassendiskussion gewöhnt, können Sie auch in kleinen Gruppen arbeiten. Teilen Sie die Klasse in Pärchen oder kleine Gruppen auf. Bitten Sie jede Gruppe eigene Fragen zu entwickeln und dann eine auszuwählen, die an die Tafel geschrieben wird. Das wird zu einer kleineren Anzahl durchdachterer Fragen für die allgemeine Diskussion führen.

Bei anderer Gelegenheit können Sie die Kinder in kleine Gruppen aufteilen und eine bestimmte Frage diskutieren lassen. Die Kinder werden danach der ganzen Klasse die Ergebnisse berichten. Auf diesem Weg werden Sie die mündliche Mitarbeit der Kinder erhöhen und ihnen die Möglichkeit geben ihre eigenen Fähigkeiten optimal zu entwickeln. In den Kapiteln 6 und 7 werden wir sehen, dass auch ein großer Teil der Übungen zu zweit oder in kleinen Gruppen bearbeitet werden kann. Das ist sowohl zur Festigung eines bereits diskutierten Themas als auch als Einstieg sinnvoll.

Die Klasse wurde zum Diskutieren in zwei Gruppen aufgeteilt: Die eine Gruppe arbeitet mit dem Lehrer, die andere Gruppe allein.

Lesen

Normalerweise beginnt der Unterricht mit dem Lesen einer Geschichte. Wenn Sie mit einem kurzen Text arbeiten, lesen sie ihn ganz. Bei einem längeren, speziell für diesen Zweck verfassten Text, müssen Sie nur ein oder zwei Passagen lesen. Sie werden erstaunt sein, wie wenig Material Kinder brauchen um einen umfangreichen Fragenkatalog zu erstellen.

Es ist schwierig, einen allgemein verbindlichen Rat für das Lesen zu geben, da so viel vom Alter und der Zusammensetzung der Klasse abhängig ist oder davon, ob genügend Kopien des Textes zur Verfügung stehen. Wenn möglich, sollten alle Kinder den Text vor sich haben. Wenn die Kinder schon gut lesen können, empfiehlt es sich den Text laut vorlesen zu lassen – entweder absatzweise oder, wenn es sich um Dialog handelt, durch Rollenverteilung im Vorhinein. Das Beste ist, wenn sich die Kinder durch leises Lesen oder irgendeine andere Form der Probe auf das Vorlesen vorbereiten. Wie immer sie es handhaben, das Lesen sollte eine gemeinsame Handlung sein, in die die ganze Klasse eingebunden wird.

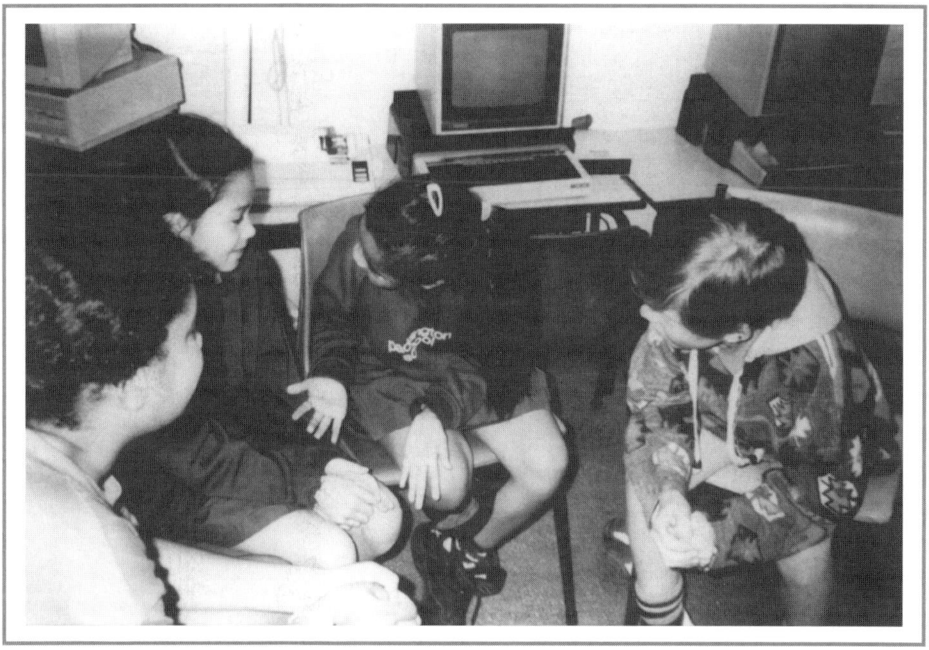

Diese Kinder diskutieren gerade in einer kleinen Gruppe. Später wird die Klasse über die Ergebnisse ihrer Überlegungen sprechen.

Einen Zeitplan aufstellen

Fragen stellen

Wenn sie fertig gelesen haben, lassen Sie die Kinder sofort Fragen zum Text stellen. In der ersten Unterrichtsstunde sagen Sie den Kindern, dass sie nach allem fragen können, was ihnen irgendwie auffiel, was sie erstaunt hat oder was sie seltsam fanden. Vielleicht haben sie eine Frage zu einer Handlung, die sie nicht gut fanden. Vielleicht fällt ihnen zu der Geschichte etwas ein, worüber sie gerne diskutieren würden. Wenn Fragen aufkommen, schreiben Sie sie an die Tafel, nummerieren Sie sie und schreiben Sie den Namen des Kindes hinter die jeweilige Frage um den Beitrag zuzuordnen. Manchmal ist es sinnvoll nachzufragen, auf welchen Teil der Geschichte sich die Frage bezieht. Wenn die Kinder Kopien der Geschichte vor sich haben, können Sie nach der Seitenzahl oder dem Absatz fragen und sie hinter die Frage schreiben, falls man später nochmals darauf zu sprechen kommt. Um einen generellen Eindruck zu bekommen, wie so etwas aussieht, habe ich Ihnen einen Fragenkatalog einer vierten Klasse abgedruckt, die sich auf meine Geschichte mit dem Titel „Wie durch Zauberei" („Just like magic") bezieht:[22]

1. Was ist Wahrsagerei, wenn nicht in die Zukunft sehen? (Lienna, S. 75)
2. Sollten wir an Wahrsagerei glauben? (Petrov)
3. Warum brauchen wir Wahrsagerei? (Ivan)
4. Wie kann etwas ***wie durch Zauberei*** sein? *(Illya, S 76)*
5. Warum glaubt Brian, dass Mr. Magic keine Frau sein kann? (Anna, S. 79)
6. Wenn es der hintere Teil des Löwen war, warum konnte er sprechen? (Nadia, S. 74)
7. Wie hat Mr. Magic seine Stimme durch Reginald sprechen lassen? (Nicholai, S. 78)
8. Wie kann jemand, der an Gott glaubt, auch an Magie glauben? (Andrew, S. 73)

Diese Kinder hatten ihre erste Philosophiestunde und die Fragen sind ziemlich typisch für ihre Altersgruppe. Sie besuchen eine staatliche Schule in Moskau. Allerdings unterschieden sich ihre Antworten stark von denen, wie man sie in Sydney oder London erhalten würde.

Wenn die Kinder mit dem Fragen vertraut sind, sollten Sie Ihre Vorgehensweise variieren. Sie können z.B., wie bereits beschrieben, die Klasse in kleine Gruppen aufteilen. Jede Gruppe muss sich auf eine Frage einigen, die dann an die Tafel geschrieben wird. Oder Sie bitten jedes Kind seine eigene Frage aufzuschreiben und ermitteln dann, welche Fragen die Kinder am liebsten diskutieren wollen. Schreiben Sie die ausgewählten Fragen an die Tafel.

Diese Methoden müssen variiert werden, wenn Sie mit ganz jungen Kindern arbeiten. Kinder sind zwar generell in der Lage spontan Fragen zu stellen, einige von ihnen werden aber nicht zwischen einer Frage und einem Kommentar bzw. einer Antwort unterscheiden können. Wenn das passiert, lassen Sie die Kinder einfach das erzählen, was sie an der Geschichte mochten oder interessant fanden. Versuchen Sie dann mit den Kindern ein oder zwei Stichworte zu finden, die ihren Beitrag zusammenfassen und schreiben sie diese an die Tafel.

Die Fragen der Kinder wurden an die Tafel geschrieben und stellen nun die Basis für die Klassendiskussion dar. Beachten Sie, dass Fragen, die miteinander in Zusammenhang stehen, in der linken oberen Ecke extra aufgeführt wurden.

Auch wenn Sie so beginnen müssen, sollten Sie die Kinder immer ermutigen Fragen zu stellen. Wenn ein Kind die Geschichte kommentiert, könnten Sie sagen „Würdest Du dazu gerne eine Frage stellen?“ Sie können das Kind auch bitten seinen Kommentar in eine Frage umzuwandeln. Wenn jemand eine Frage stellt, honorieren Sie dies und fragen sofort nach weiteren Fragen. Sie können auch überlegen, ob sie das Umformen von Aussagesätzen in Fragesätze mit den Kindern üben.

Manchmal haben Kinder – egal welchen Alters – Probleme ihre Fragen zu formulieren. Bei diesen Gelegenheiten sollten Sie die anderen Kinder um Hilfe bitten. Das ist oft die beste Lösung, da es die anderen Kinder anspornt gut zuzuhören und sich bei Problemen gegenseitig zu helfen. Wenn

Sie unmittelbar eingreifen müssen, fordern Sie das Kind auf über das, was er oder sie gesagt hat, nachzudenken. Wenn ein Kind eine Aussage macht, an die sich eine Frage anschließt, diese aber nicht formulieren kann, ist es manchmal schon genug zu fragen, ob die Frage vielleicht mit ***wie, warum, was, wer, wann*** oder ***wo*** beginnt. Wenn das Kind nicht die richtige Konstruktion findet, können Sie auch selbst die Frage formulieren und nachfragen „Hilft es dir, wenn wir es so ausdrücken?“. Sie können auch darauf hinweisen, dass Sie einen bestimmten Teil des Gesagten nicht verstehen, damit die Aufmerksamkeit auf das eigentliche Problem gelenkt wird.

Nicht alle Fragen, die die Kinder in der ersten Stunde stellen, werden zu einer fruchtbaren Diskussion führen. Einige Fragen gehen vermutlich auf einfache Verständnisfehler zurück, die sich aus dem Text heraus beantworten lassen, während andere zu gar keinen interessanten Antworten führen. Manchmal stellen die Kinder Fragen um Ihnen einen Gefallen zu tun oder um den eigenen Namen an der Tafel zu sehen und nicht aus wirklichem Interesse. Es ist besser diese Fragen sofort zu beantworten, damit die Kinder lernen zwischen Fragen diesen Typs und Fragen, die zum Nachdenken führen, zu unterscheiden. Mit ein wenig Erfahrung entwickeln Sie ein Gespür dafür, bei welchen Fragen es sich lohnt weiter zu forschen.

Beim Philosophieren mit Kindern wird es für Sie viele Gelegenheiten geben über die Einsicht der Kinder zu staunen. Am Anfang müssen sie vermutlich ein wenig bei der Hand genommen werden. Wenn ein Kind eine vielversprechende Frage stellt, weisen Sie darauf hin. Die anderen Kinder werden den Reiz der Frage bald erkennen und in der Folge auch bessere Fragen stellen. Am Anfang ist es oft besser, wenn Sie die Diskussion mit einer der guten Fragen an der Tafel beginnen und die Entscheidung nicht den Kindern überlassen. Dieses Vorgehen hilft den Kindern auch vielversprechende Fragen, die zu guten Diskussionen führen, zu erkennen.

Zusammenhänge herstellen

Oft besteht zwischen verschiedenen Fragen an der Tafel ein sinnvoller Zusammenhang. Fragen Sie deshalb die Kinder, ob einige ihrer Fragen auf die gleiche Sache abzielen oder ob sie sonst wie in einer sinnvollen Beziehung zueinander stehen. Durch das Gruppieren der Fragen wird den Kindern für die Diskussion vieles klarer. Sehen wir uns noch einmal den Fragenkatalog der Moskauer Kinder an:

1. Was ist Wahrsagerei, wenn nicht in die Zukunft sehen?
2. Sollten wir an Wahrsagerei glauben?
3. Warum brauchen wir Wahrsagerei?
4. Wie kann etwas ***wie durch Zauberei*** sein?
5. Warum glaubt Brian, dass Mr. Magic keine Frau sein kann?
6. Wenn es der hintere Teil des Löwen war, warum konnte er sprechen?
7. Wie hat Mr. Magic seine Stimme durch Reginald sprechen lassen?
8. Wie kann jemand, der an Gott glaubt, auch an Magie glauben?

Die Fragen 1 bis 3 gehören zusammen, weil alle drei die Wahrsagerei behandeln: Was es ist, ob wir es brauchen und ob wir daran glauben sollten. Diese Verbindung ist zugleich offensichtlich und sinnvoll zum Strukturieren der Diskussion. Wenn nun aber im Gegensatz dazu ein Kind behauptet, zwischen den Fragen 5 und 7 bestehe eine Verbindung, weil sich beide Fragen auf Mr. Magic beziehen, dann wäre das eine oberflächliche Verbindung und keine gute Basis für eine Diskussion. Es ist deshalb wichtig zwischen oberflächlichen, inhaltlichen und tieferen, interessanten Zusammenhängen zu unterscheiden. Dabei geht es nicht nur um eine produktive Diskussion, sondern auch darum, dass die tieferen Zusammenhänge automatisch zur Philosophie führen. Wenn Sie die Geschichte „Wie durch Zauberei" kennen, wissen Sie vielleicht, dass die Fragen 5 und 7 aus einem anderen als dem oben genannten, oberflächlichen Grund eine Einheit bilden. Sie behandeln beide die Unterschiede zwischen Anschein und Realität, zwischen Schein und Sein – ein ganz zentrales Thema der Geschichte. Unter diesem Stichwort haben die beiden Fragen eine viel tiefere philosophische Verbindung. (Entdecken Sie auf der Liste noch andere Fragen, die dieser Unterscheidung zuzuordnen sind?)

Wenn eine Verbindung hergestellt wurde, fragen Sie die Kinder nach einem beschreibenden Wort oder kurzen Satz und verwenden Sie dieses Etikett um die Fragengruppe auf der Tafel zu kennzeichnen. Es ist ebenfalls sinnvoll verschiedenfarbige Marker oder bunte Kreide für jede Gruppe zu benutzen. Das wird den Kindern helfen einen roten Faden in ihre Fragen zu bekommen und sie zu ordnen.

Für gewöhnlich haben Kinder mehr Fragen, als sie in einer Sitzung behandeln können. Wenn es zur Diskussion kommt, handeln Sie nicht rasch die verschiedenen Punkte ab und unterbrechen Sie nicht abrupt ein Gespräch, nur weil noch andere Fragen auf der Liste stehen. Wenn die Kinder voller Engagement diskutieren, können Sie auch in Erwägung ziehen die Sitzung in die nächste Stunde hineinreichen zu lassen. Wenn Sie die Diskussion unterbrechen, fragen Sie die Klasse, ob sie nicht das Gespräch beim nächsten Mal fortsetzen will und notieren Sie sich die restlichen Fragen. Lassen Sie sich vom Interesse der Kinder führen. Wenn Sie Fragen in die nächste Sitzung übernehmen, bietet es sich an weiterführende Arbeiten, wie die Untersuchung eines Begriffs, zu planen oder aber in der Weise nachzudenken, wie es die folgenden Kapitel vorstellen.

Eine Diskussion führen

Wenn die Fragen an der Tafel stehen, können Sie mit der Diskussion beginnen. Ich werde die Rolle des Lehrers oder der Lehrerin bei einer Diskussion zunächst allgemein beschreiben und erklären, wie man eine Diskussion beginnt. Später werde ich auf viele dieser Punkte detailliert und mit Beispielen eingehen.

Die Rolle des Lehrers oder der Lehrerin

Ihre Rolle in der Klassendiskussion ähnelt in vielem der eines Dirigenten. Sie müssen die Vorführung koordinieren und optimieren. Sie müssen mal energisch sein, dann wieder zurückhaltend. Sie müssen darauf achten, dass die Kinder einander zuhören und dass jeder zu Wort kommt. Sie müssen sicherstellen, dass wichtige Themen ausführlicher behandelt werden und dass im Verlauf der Diskussion zentrale Entwicklungen und entscheidende Wendungen herausgearbeitet werden. Wenn ein Kind einen Fehler macht, sollten Sie seinen Gedanken noch einmal mit ihm durchgehen. Wenn sich an einem bestimmten Punkt Schwächen in der Diskussion zeigen, sollten Sie darüber Übungen einführen.

Wenn Sie die Diskussion führen, ist es sehr wichtig, dass Sie sich nicht als der Philosophie-Experte oder die Autorität auf diesem Gebiet darstellen. Sonst wenden sich die Kinder an Sie um eine Meinungsverschiedenheit auszuräumen. Ihre Meinungen sollten, wenn Sie sie überhaupt äußern, kein besonderes Gewicht haben. Seien Sie also sehr zurückhaltend damit, Ihre Ansichten im Gespräch zum Ausdruck zu bringen. Ihr Expertentum sollte weniger auf der inhaltlichen Seite als auf der pädagogischen Seite liegen. D.h. Sie sollten die Diskussion so führen, dass sie den größten erzieherischen Nutzen bringt.

Die Diskussion beginnen

Da die Fragen der Kinder den Diskussionsplan bilden, ist es sinnvoll zuerst die Gruppe aufzurufen, deren Frage für den Beginn der Diskussion ausgewählt wurde. Sie können, falls Sie es noch nicht getan haben, die Gruppe erklären lassen, warum sie diese Frage gestellt hat. Vielleicht müssen die Mitglieder der Gruppe genauer erläutern, was sie dabei im Sinn hatten. Vielleicht wollen sie die von anderen herausgefundenen Zusammenhänge ihrer Frage mit anderen Fragen kommentieren. Eventuell haben sie sich bereits einige Gedanken zur Beantwortung ihrer Frage gemacht.

An diesem Punkt schalten sich sicherlich andere Kinder ein. Nehmen Sie mehrere Leute hintereinander dran, damit die Diskussion allmählich Konturen annimmt. Möglicherweise haben die Kinder sehr unterschiedliche Meinungen, widersprechen einander oder versuchen eine Reihe von Fragen gleichzeitig zu untersuchen. Auf jeden Fall werden die Kinder schnell entdecken, dass es nicht ausreicht nur seine Meinung zu äußern bzw. den einen oder anderen Vorschlag zu machen. Sie müssen begründen, was sie sagen. Und da wiederum die Gründe in unterschiedliche Richtungen streben und einige stärker als andere sind, werden die Kinder selbst das Bedürfnis haben Kriterien zu entwickeln um die Antworten zu bewerten. Sie werden konsequenterweise die Kinder nach den Gründen für ihre Meinung fragen und Sie werden sie oft durch einen Kriterienkatalog führen müssen.

Das sind unter anderem die Dinge, auf die ich später in diesem Kapitel eingehen möchte. Bevor wir weitermachen ist es vielleicht hilfreich sich einen Auszug aus einer Diskussion in der Klasse anzusehen. Nehmen wir Liennas Frage, „Was ist Wahrsagerei, wenn nicht in die Zukunft sehen?“

Lehrer: Lienna, möchtest du uns sagen, warum du diese Frage gestellt hast?

Lienna: Nun, in der Geschichte sagt Brian, dass die Wahrsagerin das Schicksal voraussagen könne. Er sagt aber auch, dass sie gar nicht wirklich in die Zukunft sehen könne. Man kann nicht das Schicksal voraussagen ohne in die Zukunft sehen zu können. Das ist nun einmal Wahrsagerei.

Lehrer: Danke, Lienna. Möchte jemand etwas dazu sagen? (Pause)

Ivan: Brian sagt, die Wahrsagerin kann nicht wirklich das Schicksal voraussagen … weil sie nicht wirklich in die Zukunft sehen kann.

Lienna: (zeigt auf das Buch) Aber hier steht, „Vielleicht kann sie ein Schicksal voraussagen“, sagt Brian, „aber sie kann nicht in die Zukunft sehen.“ Also sagt Brian, dass sie ein Schicksal voraussagen kann.

Nadia: Er sagt nur, dass sie vielleicht ein Schicksal voraussagen kann.

Lienna: Okay Nadia, aber er meint damit, dass die Wahrsagerin ein Schicksal voraussagt ohne in die Zukunft sehen zu können. Ich verstehe nicht, wie er so etwas sagen kann.

Lehrer: Bist du einverstanden, Nadia? Gut. Was ist mit dir, Ivan?

Ivan: Ähm … Ich bin nicht sicher.

Lehrer: (Pause) Kann uns hier irgendjemand weiterhelfen? Ja, Andrew.

Andrew: Ich glaube, Ivan wollte sagen, dass Brian meint, dass sie nur scheinbar ein Schicksal voraussagen kann. Wenn sie wirklich ein Schicksal voraussagen würde, hättest du Recht, Lienna. Dann müsste sie wirklich in die Zukunft sehen können.

Lehrer: Hast du das gemeint, Ivan?

Ivan: Ja.

Lehrer: Kannst du dem zustimmen, Lienna?

Lienna: Ich glaube schon. Aber nur scheinbar in die Zukunft sehen zu können ist nicht Wahrsagen. Es ist nur vortäuschen.

Lehrer: Nadia, möchtest du noch etwas sagen?

Nadia: Ich glaube auch, dass ein Unterschied besteht zwischen wirklich in die Zukunft sehen zu können und etwas zu erfinden. Deshalb spricht Lienna, wenn sie sagt, dass Wahrsagerei in die Zukunft sehen bedeutet, vom richtigen Wahrsagen. Aber wenn Brian sagt, dass ein Wahrsager ein Schicksal voraussagen kann, spricht er von scheinbaren Schicksalen – wie Andrew es gesagt hat.

Lehrer: Wir haben jetzt einen Unterschied herausgefunden – zwischen richtiger Wahrsagerei und scheinbarer Wahrsagerei oder erfinden, wie Nadia es nannte. Kann uns irgendjemand sagen, was das für ein Unterschied ist? Ja, Nicolai, willst du es versuchen?

Nicolai: Bei richtiger Wahrsagerei ist man in der Lage wirklich in die Zukunft sehen zu können, bei scheinbarer Wahrsagerei erfindet man die Zukunft.

Lehrer: Danke, Nicolai. Möchtest du etwas hinzufügen, Anna?

Anna: Ja, ich stimme dem zu, was Nicolai gesagt hat, aber ich möchte hinzufügen, dass alle Wahrsagerei nur scheinbar ist. Niemand kann wirklich in die Zukunft sehen.

Petrov: Das glaube ich nicht, Anna. Manchmal können Menschen in die Zukunft sehen.

Anna: Nein, das können sie nicht.

Lehrer: Petrov, du hast gesagt, manchmal können Menschen in die Zukunft sehen. Kannst du uns ein Beispiel geben?

Wir werden die Diskussion an dieser Stelle unterbrechen. Wie sie sehen, stellt der Lehrer die meiste Zeit nur Fragen. Diese haben viele Funktionen, wie z.B. Gründe erfragen, um Kommentare bitten, nach Zustimmung suchen oder nach Beispielen fragen. An einem Punkt stellt der Lehrer eine Unterscheidung heraus. Am Ende weist er auf die Notwendigkeit hin ein Beispiel zu nennen. Das alles gehört zu den Dingen, auf die ich gleich eingehen werde.

Wenn die Kinder in der Diskussion geübter sind, verändert sich Ihre Rolle allmählich. Sie werden noch weniger sagen. Die Kinder werden sich gegenseitig die Fragen stellen. Sie werden Unterschiede und Zusammenhänge von allein erkennen. Sie werden Gründe nennen, nach Alternativen suchen, um Kriterien bitten usw., ohne dass Sie sich einmischen müssen. Trotzdem gibt es für Sie noch viel zu tun. Mitunter wird es den Kindern nicht gelingen die Folgen ihrer Ansichten zu erkennen oder ungerechtfertigte Vermutungen lassen sie in die Irre gehen. Dann können Sie ihnen mit einer zielgerichteten Frage helfen. Sie sollten immer darauf achten, dass jeder die Möglichkeit hat etwas beizutragen und sicherstellen, dass die Kinder sich gegenseitig respektieren.

Obwohl eine Diskussion eine gewisse Eigendynamik entwickelt und ihr Verlauf nicht vorhersehbar ist, gibt es Dinge, die in den Händen geschickter LehrerInnen den Erfolg geradezu garantieren. Man braucht natürlich ein bisschen Übung um dieses Geschick zu entwickeln und Durchhaltevermögen, wenn die Dinge am Anfang nicht so gut laufen. Die meisten von uns werden sich erinnern können, wie es war, als wir das erste Mal Auto fuhren. „Beim nächsten Mal versuchen Sie bitte die Kupplung zu treten, bevor Sie schalten … Wenn Sie jemanden schneiden, könnten Sie wenigstens den Blinker setzen … Bitte links abbiegen hier. Nein, ***links*** habe ich gesagt. ***Links!*** …“ Bis Sie ein wenig Erfahrung gesammelt haben, müssen Sie auf so viele Dinge achten, dass es schier unmöglich scheint, diese Kunst zu erlernen. Hier ist es genauso. Aber Sie und ihre Klasse werden immer etwas dazulernen. Geben Sie also nicht vorschnell auf!

Dinge, die Sie im Auge behalten sollten

Nachdem wir uns bisher mit dem Diskussionsverhalten im Überblick beschäftigt haben, wollen wir nun auf einige Dinge genauer eingehen, die Sie im Auge behalten sollten.

Klarheit

Wenn Sie eine Diskussion führen, sollten Sie genau zuhören und darauf achten, dass Sie verstehen, was ein Kind sagen möchte. Wenn Sie unsicher sind, was es meint, formulieren Sie die Aussage neu und fragen Sie nach, ob Sie das richtig verstanden haben. Oder stellen Sie eine andere prüfende Frage wie:

- Meinst du, dass …?
- Wenn du … sagst, meinst du … oder vielleicht etwas anderes?
- Folgt aus dem, was du sagst, dass …?
- Wenn du … sagst, meinst du damit/gehst du davon aus, dass …?
- Willst du das Gleiche sagen wie … oder meinst du etwas anderes?

Wenn nicht klar ist, ob ein Kind von den anderen Kindern in der Klasse verstanden wird, bitten Sie einen anderen Schüler, der glaubt es verstanden zu haben, das Gesagte der Klasse zu erläutern. Sie können auch Fragen stellen um das Verständnis zu überprüfen:

- Glaubt Ihr, … will sagen, dass …?
- Meint Ihr aus dem, was … gesagt hat, kann man folgern, dass …?
- Wenn … sagt, dass …, meint Ihr, er/sie geht davon aus, dass …?

Wenn Sie solche prüfenden Fragen stellen, wie sie in Diskussionen allgemein üblich sind, ermutigen Sie die Kinder diese zu benutzen. Loben sie jene Kinder die sich um Klarheit bemühen und Unterschiede herausstellen, eine Konsequenz aufzeigen, Vermutungen äußern oder Verbindungen aufzeigen.

Folgerichtigkeit

Sie werden mitunter bei den Aussagen eines Kindes Widersprüche feststellen, z.B. zwischen dem, was es nun sagt und dem, was es zuvor behauptet hat. Ermuntern Sie die Kinder auf Folgerichtigkeit zu achten. Wenn sie sich unbemerkt widersprechen oder unlogisch werden, weisen Sie sie mit einer Frage auf diesen Punkt hin:

- ◆ - Kannst du sowohl …, als auch … sagen? ◆
- ◆ - Vorhin habe ich dich so verstanden, dass du … Jetzt sagst du … Stimmt das? ◆

Häufiger kommt es allerdings vor, dass verschiedene Kinder im Gespräch etwas sagen oder implizieren, was sich widerspricht. Wenn die Kinder es selbst nicht merken, ergreifen Sie das Wort: „Jesse, hast du … gesagt? … Nun, Sarah behauptet … Glaubt ihr, es ist möglich, dass ihr beide Recht habt?“ Auf diese Weise werden Sie den Kindern deutlich machen, dass Folgerichtigkeit wichtig ist, und sie dazu bringen diesem Aspekt die notwendige Aufmerksamkeit zu schenken.

Vergessen Sie dabei jedoch nicht, dass jemand, der gerade erst beginnt über ein Thema nachzudenken, Zeit benötigt um sich über seine Meinung klar zu werden.Vielleicht sagen die SchülerInnen zunächst, was ihnen in den Sinn kommt, und ändern dann aber ihre Meinung. Das ist natürlich völlig in Ordnung. Es ist nicht nur ein Zeichen dafür, dass Kinder nachdenken, sondern auch, dass sie über ihre eigenen Gedanken nachdenken. Seine Meinung zu ändern ist in jedem Fall etwas anderes, als sich zu widersprechen. Ich widerspreche mir, wenn ich behaupte, dass etwas so ist und gleichzeitig behaupte, dass etwas nicht so ist. Ich widerspreche mir jedoch nicht, wenn ich sage, dass ich zunächst dachte, etwas ist so, nun aber nicht mehr so denke. Dieser Aspekt wir in einem der unteren Abschnitte („Sich selbst korrigieren“) behandelt.

Grade der Zustimmung

Während jeder sogleich merken wird, ob jemand etwas eher in Frage stellt oder befürwortet, könnte es weniger eindeutig sein, ob jemand etwas eher anzweifelt als verwirft, eher vorschlägt als behauptet. Wenn jemand Zweifel über einen Vorschlag äußert oder Einwände dagegen macht, sind wir geneigt das als Ablehnung zu betrachten. Wenn jemand einen Vorschlag zur Diskussion stellt oder eine Vermutung macht, halten wir das oft für ein

Befürworten oder eine Behauptung. Zweifelsohne benötigt man für diese Unterscheidungen eine gewisse Vorbildung im zwischenmenschlichen Bereich. Diese Unterscheidungen müssen aber in einer Forschungsgemeinschaft gemacht werden.

Kinder können behaupten, unterstützen, vermuten, überlegen, nachdenken, fragen, zweifeln oder einen Vorschlag ablehnen. Sie können etwas als eine Vermutung äußern oder sogar schwören, dass es wahr ist. Es kann viele Grade der Zustimmung für eine Idee geben und Kinder sollten zwischen ihnen unterscheiden. Sie können den Kindern dabei helfen, indem Sie beispielsweise nachfragen:

- Meinst du, dass Kreise niemals Ecken haben oder dass es zweifelhaft ist, ob sie welche haben?
- Stimmst du mit Robert überein oder meinst du, er habe möglicherweise recht?
- Hältst du das für eine weitere Möglichkeit oder meinst du, dass sie wahrscheinlicher als die anderen ist?

Uneinigkeit erforschen

Uneinigkeit spielt eine große Rolle in der philosophischen Diskussion. Sie lässt die Kinder in einer lebendigen und dramatischen Form über ein Thema oder Problem miteinander reden, was zugleich ihr Interesse erhöht. Wenn Kinder miteinander über Dinge reden, die beide interessieren, werden sie wirklich anfangen nachzudenken. Durch das Erforschen der Uneinigkeit und das Nachdenken über die Gründe, die beide Parteien vorbringen, werden sie vernünftiger im Umgang miteinander. Beides, Gemeinschaft und philosophische Diskussion, werden dadurch gestärkt.

Wenn in der Diskussion Uneinigkeiten auftreten, sollten Sie die Gelegenheit nutzen den Kindern anzugewöhnen verschiedene Seiten eines Problems zu erforschen, indem sie Gründe für ihre Behauptungen nennen. Versichern sie sich zunächst, dass alle wissen, worüber Uneinigkeit besteht. Wenn nötig, lassen Sie die verschiedenen Parteien ihre Standpunkte wiederholen oder bitten Sie jemanden diese der Klasse zu erläutern. Fragen Sie dann die

Kinder nach den Gründen für ihre Behauptung. Fragen Sie jene, die eine Meinung vertreten, warum sie dieser Ansicht sind und fragen Sie anschließend die andere Partei nach den Gründen für ihre Meinung. Alternativ können Sie die Kinder auch fragen, warum sie mit der anderen Meinung nicht übereinstimmen. Einfache Fragen werden zum Ergebnis führen:

- Warum hast du das gesagt?
- Warum glaubst du, hast du Recht?
- Warum glaubst du, dass sie Unrecht hat?
- Kannst du deine Antwort begründen?

Wenn Kinder anderer Meinung sind, muss man sie kaum ermutigen ***sich gegenseitig*** Fragen zu stellen. Bei Meinungsverschiedenheiten kommen diese Fragen von ganz allein. Sie sollten deshalb die Gelegenheit ausnutzen. Wir müssen begründen, was wir denken. Wenn wir zusammen nachdenken, müssen wir Gründe für unsere Meinung nennen und andere nach ihren Gründen fragen. Die Uneinigkeit ist eine ideale Gelegenheit die Kinder daran zu gewöhnen.

Beim Erforschen einer Uneinigkeit, müssen Kinder auch lernen die genannten Gründe zu vergleichen und zu werten. Oft genügt eine einfache Frage:

- Warum glaubst du, dass das kein guter Grund ist?
- Was wäre, wenn jemand behaupten würde, das sei kein guter Grund, weil …?
- Ist … deiner Ansicht nach ein guter Grund um … zu glauben?
- Fällt jemandem ein besserer Grund ein?
- Warum ist das ein besserer Grund?
- Würdest du sagen, wir haben – wenn man alles Bisherige berücksichtigt – mehr Gründe … zu glauben als …?

Bei der Untersuchung von Uneinigkeiten haben alle Kinder die Chance darüber nachzudenken, was für oder gegen eine Position spricht. In vielen Fällen werden sie feststellen, dass es nicht einfach eine Frage des Blickwinkels ist, ob man Recht hat oder ob andere Recht haben, während die anderen im Unrecht sind und dass es einen gewissen Spielraum der Uneinigkeit gibt.

Nach Alternativen suchen

Meinungsverschiedenheiten sind ein Fall, bei dem Alternativen und andere Standpunkte geäußert werden. Aber alternative Vorschläge und unterschiedliche Möglichkeiten spielen bei vielen Unternehmungen eine Rolle. Bei einer polizeilichen Untersuchung oder einer Untersuchungskommission kann es beispielsweise miteinander konkurrierende Hypothesen für einen vorliegenden Tatbestand geben und der Detektiv oder das Ausschussmitglied werden nach einem Beweis für die eine oder andere Hypothese suchen. In einem Roman oder einem Theaterstück verwendet der Schriftsteller Figuren und Situationen um menschliche Beziehungen und unterschiedliche Standpunkte auszuloten. Auch bei einer philosophischen Untersuchung lassen die Fragen unterschiedliche Antworten und viele verschiedene Standpunkte zu.

Bei einer Klassendiskussion werden die Kinder dazu angehalten nach alternativen Möglichkeiten zu suchen und offen und flexibel in ihrem Denken zu sein. Diese Haltung ist unerlässlich für das gute Denken in jedem Bereich. Ob Sie nun Sozialkunde, Pädagogik oder Naturwissenschaften unterrichten, sollten Sie diese Art von Denken fördern. Wenn sich die Klasse an einer Idee festgebissen hat oder Alternativen vernachlässigt werden, fragen Sie, ob irgendjemand einen anderen Ansatz hat oder einen alternativen Vorschlag machen will:

- Hat irgendjemand eine andere Idee?
- Wie kann man das noch sehen?

Wenn alle Stricke reißen, machen Sie selbst einen anderen Vorschlag: „Wie steht es mit …? Erscheint euch das als eine Möglichkeit?“ Wenden Sie dieses Mittel nur im Notfall an, füllen Sie eine Pause nicht überstürzt mit

Ihren eigenen Vermutungen. Für das Denken braucht man Zeit. Gutes reflektives Denken kann zu langen Pausen führen. Sehen Sie auf die Uhr. Warten Sie vier Sekunden. Wenn nötig, warten Sie zehn Sekunden. Zeigen Sie den Kindern, dass Sie wissen, dass man für das Denken Zeit braucht.

Kriterien entwickeln

Kriterien sind Gründe, die Menschen entwickeln um sich ein Urteil zu bilden und auf die sie sich berufen, wenn sie eine Entscheidung rechtfertigen müssen. Kriterien umfassen allgemein übliche Standards, mit deren Hilfe Dinge klassifiziert werden. Wenn z.B. ein Hotel als Fünf-Sterne-Hotel in den ***Guide Michelin*** aufgenommen werden möchte, muss es gewisse Standards erfüllen. Es sind die Kriterien des ***Guide Michelin***, die darüber entscheiden, wie ein Hotel klassifiziert wird. Kriterien können aber auch persönliche Standards sein, die wir benutzen um Handlungen und Phänomene des alltäglichen Lebens zu beurteilen. Wenn ich behaupte, ***Thai Foon*** sei ein hervorragendes Restaurant, wird es ein Kriterium geben, auf das ich mich beziehe um mein Urteil erklären oder rechtfertigen zu können: vielleicht die Zubereitung oder die Präsentation der Speisen, die Atmosphäre, der Service oder das Preis-Leistungs-Verhältnis.

Wenn es Unsicherheit oder Unstimmigkeiten über eine Entscheidung gibt, ist es oft hilfreich über die Kriterien nachzudenken, die in diesem Fall angemessen sind. Wenn nötig, fragen Sie die Kinder nach ihren Kriterien:

◆ - Warum (d.h. aufgrund welcher Kriterien) glaubst du, dass sie Freunde sind? ◆

◆ - Warum kann ein Mensch keinen Stein zum Freund haben? ◆

◆ - Welche Kriterien treffen nicht zu? (Vgl. „Verrückter Fall“ in Kapitel 6.) ◆

◆ - Da wir uns nicht einigen können, ob Hunde bessere Haustiere sind als Katzen, sollten wir vielleicht darüber sprechen, was Ihr von einem Haustier erwartet? D.h. welche Kriterien angewendet werden? ◆

Sie werden überrascht sein, wie oft die in einer Klassendiskussion aufgekommenen Fragen stillschweigend nach Kriterien suchen. Die Erklärung dafür liegt nahe. Immer wenn wir auswählen, einschätzen oder beurteilen müssen, denken wir uns Kriterien aus, die unsere Überlegungen leiten.

Führen Sie den Begriff „Kriterium" in der Klasse ein. Auch sehr junge Kinder können damit umgehen. Es ist außerordentlich wichtig Namen für unsere Denkwerkzeuge zu haben, damit wir wissen, wonach wir suchen, wenn wir es benötigen. Die Kinder werden sehr schnell lernen, sich gegenseitig nach den angewandten Kriterien zu befragen und ihre eigenen zu überprüfen. Wenn sie dieses wichtigste Werkzeug des fundierten Urteils beherrschen, haben sie einen großen Schritt in der Entwicklung des reflektiven Denkens gemacht.

Notwendige Unterscheidungen machen

Missverständnisse und andere Probleme tauchen auf, wenn wir unterschiedliche Dinge gleich behandeln, wesentliche Unterschiede übersehen oder aber – im umgekehrten Fall – nur die vergleichsweise unbedeutenden Unterschiede wahrnehmen, die grundsäzliche Ähnlichkeit hingegen nicht erkennen. Ein kleines Kind, das seine Mutter weinen sieht, wenn sie verzweifelt ist, könnte annehmen, dass ihr Schmerz so wie bei einem Unfall ist ohne den entscheidenden Unterschied zu begreifen. Ein Kind, das ein anderes Kind nur in Hinblick auf seinen anderen ethnischen Hintergrund wahrnimmt, könnte vergessen, dass dieser Mitschüler die gleichen Bedürfnisse und Gefühle hat wie es selbst.

Achten Sie deshalb in der Diskussion auf wichtige Unterscheidungen. Wenn ein Kind auf einen nützlichen Unterschied hinweist, greifen sie ihn für die Diskussion auf. Wenn dieser Unterschied an entsprechender Stelle unberücksichtigt bleibt, weisen Sie mit einer Frage oder einem Kommentar nochmals darauf hin. Wenn die Kinder eine wichtige Unterscheidung übersehen, helfen Sie nach:

◆ - Ist dieser Fall im Wesentlichen derselbe wie jener? ◆

◆ - Wenn wir davon ausgehen, dass diese Dinge in vielen Punkten ähnlich sind, könnt ihr euch ◆

einen Punkt vorstellen, in dem sie sich voneinander unterscheiden?

Kinder stürzen sich mitunter auch auf Unterschiede und übersehen signifikante Ähnlichkeiten oder Verbindungen. Auch hier kann eine Frage des Lehrers oder der Lehrerin helfen:

◆ - Sind diese Fälle völlig unterschiedlich? ◆

◆ - Wenn wir davon ausgehen, dass sich diese Dinge in vielen Punkten unterscheiden, könnt ihr euch einen Punkt vorstellen, in dem sie sehr ähnlich sind? ◆

Voreilige Schlussfolgerungen vermeiden

Wenn bei meinem ersten Flug mit ***Ace Airlines*** mein Gepäck verloren geht, könnte ich den voreiligen Schluss ziehen, es sei prinzipiell wahrscheinlich, dass mein Gepäck bei ***Ace Airlines*** verloren geht, und infolgedessen nicht mehr mit ihnen fliegen. Mein Fazit mag zwar wichtig sein, aber meine Gründe sind nicht zwingend und die Schlussfolgerung ist von daher wenig stichhaltig. Wir alle ziehen hin und wieder ungerechtfertigte Schlüsse, aber es ist ein Fehler, den Kinder ganz besonders oft machen: „Ich habe mit der Katze gespielt und sie hat mich gekratzt. Sie ist böse!“ „Oma und Opa haben ein Gebiss. Wenn man alt ist, hat man ein Gebiss.“ „Ich habe das Markstück verloren, das in meiner Tasche war und Alex hat ein Markstück auf seinem Tisch liegen. Es muss meines sein.“

Wenn Kinder voreilige Schlüsse ziehen, sollten Sie mit einer Frage eingreifen:

◆ - Nur weil … so ist, können wir dann sicher sein, dass … so ist? ◆

◆ - Kann sich irgendjemand einen Fall vorstellen, wo … so ist, … aber nicht zutrifft? ◆

◆ - Ist … der einzige Grund, warum … so ist? ◆

Da es sich hierbei um ein wichtiges Thema handelt, werde ich in Kapitel 7 unter der Überschrift „Induktives Denken“ näher darauf eingehen.

Mögliche Implikationen erkennen

Es gibt viele Gelegenheiten, bei denen wir eventuelle Implikationen einer Sache übersehen. Wir verstehen nicht, welche Konsequenzen eine Behauptung hat, wir übersehen, was ein Sprecher impliziert, wir nehmen die Beweise, die offen vor uns liegen, nicht wahr oder haben keinen Blick für die Konsequenzen unserer Handlungen. In all diesen Fällen entgeht uns eine Bedeutung oder da ist etwas, das wir nicht verstehen.

Wenn wir über mögliche Implikationen sprechen, sollten wir nicht versehentlich so unterschiedliche Beziehungen wie logische Implikationen, gesprächsbedingte Implikationen oder Implikationen von Ereignissen und Handlungen miteinander verwechseln. Ich habe sie trotzdem unter dieser Überschrift zusammengefasst, weil ich der Ansicht bin, dass alle schlussfolgernden Gewohnheiten eine gemeinsame gedankliche Grundhaltung haben, die durch die philosophische Diskussion in der Klasse entwickelt wird. Aber lassen Sie mich auf jeden Aspekt einzeln eingehen.

Logische Implikationen

Der größte Teil dessen, was normalerweise in der Universität als Logik gelehrt wird, befasst sich mit Ableitungssystemen oder logischen Implikationen. Diese Systeme erfordern eines hohes Maß an formalem Denken, das man Kindern nicht einfach beibringen kann. Trotzdem ist es wichtig, dass sich Kinder bewusst sind, dass es ***logische*** Konsequenzen gibt, die sich von den – sagen wir – praktischen oder den kausalen Konsequenzen unterscheiden. Ältere Kinder in der Grundschule können einfache Werkzeuge der deduktiven Logik sinnvoll für das Denken einsetzen, z.B. wenn es darum geht Dinge vorauszusagen oder Erklärungen zu finden. Ich habe einige Übungen zur deduktiven Logik unter der Überschrift „Hypothetisches Denken“ in Kapitel 7 zusammengefasst.

Gesprächsbedingte Implikationen

Manchmal vestehen Menschen nicht, was die Aussage, der Befehl oder die Frage einer anderen Person impliziert, d.h. sie verstehen diese andere Person nicht richtig. Oft machen die Umstände oder der Ton einer Äußerung klar, was sie impliziert. Die Frage „Was macht die Milchkanne auf dem Tisch?" könnte bedeuten „Sie sollte im Kühlschrank stehen." Die Frage ist rhetorisch und sowohl der Ton des Fragenden als auch die Umstände müssten die Aussage eindeutig machen. Aber das ist nicht immer der Fall. Jeder, der schon einmal ein fremdes Land bereist hat, kennt das Problem, dass Missverständnisse nicht allein durch unzureichende Sprachkenntnisse entstehen.

In einer Diskussion, die sich mit logischen Möglichkeiten beschäftigte, sagte ein Kind zu einem anderen, „Wo hast du schon einmal einen runden Kreis gesehen?" und meinte damit ungefähr, „Es gibt keine runden Kreise." Geht man davon aus, dass das die Bedeutung der Aussage war, verwundert es nicht, dass die Äußerung Erstaunen hervorrief. Nach einer kurzen Pause schloss der Lehrer folgende Frage an: „David, willst du damit sagen, dass kein Kreis rund ist?" „Ja", antwortete er, „denn wenn man sich einen Kreis – jeden ***richtigen*** Kreis – ganz genau ansieht, wird man immer kleine Ecken und ungleichmäßige Stellen finden, weshalb er nicht wirklich rund – nicht ***vollkommen*** rund ist." Die Bedeutung von Davids Aussage war nun klar und es entwickelte sich eine interessante Diskussion darüber, ob Kreise ***per definitionem*** rund sind, ob Dinge, die wir Kreise nennen, wirklich diese Definition erfüllen und ob sie tatsächlich Kreise sind. Das alles hätte nicht stattgefunden, wenn wir nicht nach Klarheit gesucht und die implizite Aussage von Davids Frage aufgedeckt hätten. Deshalb achten Sie auf die Kinder, die verwirrt oder erstaunt sind, weil sie eine Implikation beim Lesen oder in der Diskussion nicht verstehen. Wenn Sie sich ins Gedächtnis rufen, was ich vorhin über die Notwendigkeit von Klarheit gesagt habe, werden Sie und Ihre Klasse diese Dinge berücksichtigen, die für unsere Zwecke von größter Wichtigkeit sind.

Implikationen von Ereignissen und Handlungen

Kinder sollten sowohl darauf achten, worauf eine Reihe von Umständen hindeutet, als auch, welche Konsequenzen ihre eigenen Handlungen haben. Erwachsene sind oft frustriert, weil sich Kinder offensichtlich nicht bewusst sind, welche möglichen Konsequenzen ihre Handlungen mit sich bringen. „Gieß dein Glas nicht randvoll." „Stell dein Glas nicht so nah an den Tischrand." Aber Befehle wie diese helfen den Kindern nicht die möglichen Konsequenzen zu erkennen. Es wäre besser zu fragen: „Was könnte passieren, wenn du dein Glas bis zum Rand füllst?" „Was könnte passieren, wenn du dein Glas so nah an den Tischrand stellst?" Mit anderen Worten: Wir sollten Kinder dazu ermutigen über die Konsequenzen ihrer Handlungen nachzudenken.

Da Geschichten eine Abfolge von Handlungen und Ereignissen darstellen, sind sie eine wertvolle Quelle um mit Kindern über Gründe und Konsequenzen nachzudenken. Wenn die Figuren mit Problemen konfrontiert werden, wenn ihnen ein Unglück widerfährt oder wenn es zu einem unverhofften Handlungsumschwung kommt, kann die Aufmerksamkeit der Kinder auf die Implikationen gerichtet werden. Nutzen Sie die Gelegenheit darüber zu sprechen, was passiert wäre, wenn man ***dieses*** getan hätte oder was die Kinder tun würden, wenn sie mit ***jenem*** konfrontiert würden, oder was man hätte tun können um ***das*** andere zu vermeiden.

Sich selbst korrigieren

Wenn man Ideen erforscht, macht man zwangsläufig Fehler. Mal laufen wir in die falsche Richtung oder wir nehmen die falsche Abzweigung und verirren uns. Dann übersehen wir einen Orientierungspunkt, wir jagen Trugbildern nach oder wir stolpern stur weiter über unfruchtbaren Boden. Wenn wir mehr Übung haben, helfen wir uns gegenseitig bei der Orientierung und lernen allmählich unsere Fehler zu korrigieren. Wir hören den anderen zu, denken über Alternativen nach, werden uns unserer Vermutungen und ihrer Konsequenzen bewusster. Wir werden reflektiver. Wir sind uns nicht mehr so sicher, dass wir Recht haben, und sind eher bereit einen Fehler zuzugeben und unsere Meinung zu ändern. Das philosophische Nachdenken ist ein Prozess, der dazu führt sich selbst zu korrigieren.

In der Klasse korrigieren sich die Kinder selbst, wenn sie beispielsweise den Wortlaut ihrer Frage ändern, ihre Bemerkungen näher bestimmen oder über eine anfangs abgelehnte Meinung genauer nachdenken wollen. Honorieren Sie die Versuche der Kinder sich selbst zu korrigieren. Das Lob wird sie in ihren Bemühungen bestärken.

Alle einbeziehen

Natürlich werden einige Kinder mehr sagen als andere und Sie müssen darauf achten, dass die Diskussion nicht von einer relativ kleinen Gruppe dominiert wird. Richten Sie Ihre Fragen nicht immer an den vorherigen Sprecher oder an die ganze Klasse. Wenn es sich anbietet, stellen Sie direkte Fragen um andere SchülerInnen zu ermutigen sich an der Diskussion zu beteiligen.

Oft haben ruhigere Kinder sehr lohnende Beiträge. Nach einigen Stunden stellt vielleicht ein Kind, das bisher noch nicht viel gesagt hat, eine Frage, die für die Tafel bestimmt ist. Sie sollten diese Frage in die Diskussion einbeziehen. Ein Kind, das in den ersten drei Sitzungen nichts gesagt hat, könnte nun bereit sein an der Diskussion teilzunehmen. Wenn Sie die Klasse in regelmäßigen Abständen beobachten, werden Sie das wahrscheinlich schnell merken. Fragen Sie das Kind, ob es einen Beitrag machen will.

Führen Sie Denkpausen ein. Ruhige Kinder sind meistens nachdenklicher. Schaffen Sie ihnen einen Raum. Reservieren Sie am Ende einer Diskussion ein wenig Zeit, für jene, die noch einen Kommentar machen oder einen Gedanken äußern wollen.

Halten Sie sich so weit wie möglich aus der Diskussion heraus. Auch wenn Sie am Anfang beim Aufbau der Forschungsgemeinschaft mehr in die Diskussion eingreifen müssen als Ihnen lieb ist, versuchen Sie immer die Diskussion möglichst unauffällig zu steuern. Achten Sie darauf, dass die Kinder ihre Beiträge nicht an Sie richten und beteiligen Sie sich an der Diskussion nur, wenn es wirklich notwendig ist. Wenn die Kinder die Diskussionsmethoden erst einmal internalisiert haben und mit den wesentlichen Schritten vertraut sind, können Sie sich noch mehr zurückziehen.

Andere respektieren

Alle an einer Klassendiskussion beteiligten Personen sollten die Gedanken und Gefühle der anderen respektieren. Das bedeutet, dass man gut zuhört, wenn andere etwas sagen, dass man sie nicht unterbricht, dass man wartet, bis man an der Reihe ist, und dass man die Diskussion nicht an sich reißt. Man bringt jemandem Respekt entgegen, indem man sich auf andere Standpunkte einlässt oder die Beiträge der anderen anerkennt. Respekt bedeutet nicht Zustimmung, aber wir müssen lernen zwischen dem Kritisieren von Ideen und dem Kritisieren von Personen zu unterscheiden. Wir können beispielsweise sagen „Michael, ich glaube es gibt einen Unterschied zwischen Denken und Fühlen", aber nicht „Michael, du scheinst den Unterschied zwischen Denken und Fühlen nicht zu kennen." Wie bei jedem anderen Unterricht auch müssen Sie sicherstellen, dass sich die Kinder dieser notwendigen Verhaltensmuster bewusst sind. Natürlich liegt es in der Verantwortung jedes einzelnen darauf zu achten, dass sich alle daran halten.

Beim Thema bleiben

Wenn sich eine Gruppe von Leuten unterhält, springt sie oft ergebnislos von einem Thema zum nächsten. Achten Sie einmal auf die Gespräche im Lehrerzimmer in der Mittagspause oder bei irgendeinem gesellschaftlichen Ereignis und beobachten Sie, wie ein Gespräch funktioniert. Die philosophische Klassendiskussion sollte sich davon unterscheiden. Sie kreist um eine bestimmte Frage, eine Idee, ein Thema oder ein Problem und die Unterhaltung ist darauf ausgerichtet. Wenn wir darüber sprechen, was einen Freund ausmacht oder was Fairness ist, dann ist die Diskussion ein ständiges Erforschen dieser Begriffe. Wenn wir darüber nachdenken, was eine Geschichte zu einer guten Geschichte macht oder warum wir Kinder haben, dann gibt die Frage der Diskussion eine Orientierung. Wenn wir auf ein anderes Thema zu sprechen kommen, sollten wir uns bewusst dazu entscheiden und es nicht erst im Nachhinein, wenn überhaupt, bemerken.

Generell sollten Sie darauf achten, dass die Diskussion ein sinnvoll zusammenhängendes Ganzes ist. Die zur Diskussion stehende Frage darf nie aus dem Blick verloren werden und wenn es nötig ist, müssen Sie sicherstellen, dass die Kinder am Verlauf der Diskussion teilhaben. Das bedeutet auch einzelne Beiträge zu verbinden:

- Kannst du das, was du gesagt hast, mit dem hier diskutierten Thema verbinden?
- Hilft uns das im Hinblick auf das Problem, über das wir hier sprechen?

Manchmal muss man auch an das ursprüngliche Thema erinnern bzw. erneut darauf hinweisen:

◆ - Inwiefern kann das, worüber wir nun gesprochen haben, helfen Sabines ursprüngliche Frage zu beantworten? ◆

Oder man leitet damit das Ende der Debatte ein und rekapituliert:

◆ - Was haben wir heute herausgefunden? ◆

◆ - Worüber haben wir das letzte Mal gesprochen? ◆

Wenn sich alle ein bisschen bemühen, werden Sie und Ihre SchülerInnen lernen beim Diskutieren nicht vom Kurs abzukommen. Das Wichtigste ist ein Thema so lange wie notwendig zu behandeln und gleichzeitig die Diskussion voranzubringen.

Oft ist es sehr hilfreich die Diskussion an der Tafel zu verfolgen. Benutzen Sie mehrere Farben, Pfeile, Linien und andere graphische Darstellungsmittel um Verbindungen aufzuzeigen. Denken Sie sich eine Überschrift aus und listen Sie die Punkte auf, die die Kinder im Verlauf der Diskussion vorgebracht haben. Ermutigen Sie die Kinder sich wenn nötig auf die Tafel zu beziehen:

Ich werde das Kapitel beenden mit ein paar detaillierten Bemerkungen darüber, wie man beim Thema bleiben kann, wenn die Diskussion den Blickwinkel wechselt. Denn einerseits ist ein neuer Blickwinkel oft notwendig

Was macht einen Freund aus?

Vorgeschlagene Kriterien für Freundschaft:

- zusammen leben
  Freunde leben oft nicht zusammen.
  Menschen, die zusammen leben, sind nicht immer Freunde.
- zusammen spielen
  Was ist mit einem Brieffreund?
- sich wieder versöhnen können
- Vertrauen

um Fortschritte zu machen, andererseits aber geht genau an diesem Punkt eine unerfahrene Gruppe oft verloren.

Das zentrale Thema im Auge behalten

Um das oben genannte Beispiel aufzugreifen, nehmen wir einmal an, die Klasse hätte zunächst den Begriff der Freundschaft diskutiert und Kriterien für diesen Begriff aufgestellt. Irgendwann wird die Diskussion auf den Aspekt des Vertrauens stoßen. Vorübergehend wird der Blickwinkel eingeengt. Trotzdem sollte die Klasse nicht das eigentliche Thema aus den Augen verlieren. Unter Umständen müssen Sie die Diskussion an diesen Punkt zurückführen: „Wie hilft uns das, was wir über das Vertrauen herausgefunden haben, bei unserer Diskussion über Freundschaft weiter?" Wenn diese Verbindung wiederhergestellt wurde, kann die Diskussion weitergehen. Auch hier können Sie behilflich sein: „Welche anderen Dinge gehören zu einer Freundschaft?"

Vom Speziellen zum Allgemeinen gehen

Eine andere weit verbreitete Vorgehensweise ist die vom Speziellen zum Allgemeinen – von Beispielen zu einer Generalisierung.[23] Ein Kind könnte möglicherweise auf den bereits geschilderten Vorfall in ***Alice im Wunderland*** aus Kapitel 6 fragen: „Wie kann das Grinsen der Katze zurückbleiben, wenn alles andere verschwunden ist?" Die Kinder werden vielleicht zunächst darüber reden, was ein Grinsen ist und ob es etwas ist, das ganz allein auftreten kann. Die Diskussion wird sich bald mit ähnlichen Dingen beschäftigen. Jemand schlägt ein Winken vor – nur ein Winken, ohne Hand. Andere Gesten werden genannt. Jemand schlägt eine Stimme vor, die ganz allein aufschreit. Kann nur eine Stimme existieren? Was ist mit einem Gedanken? Kann eine Person verschwinden und einen Gedanken zurücklassen? An dieser Stelle haben die Kinder ihr Blickfeld erweitert und andere Fälle mit einbezogen um das Geheimnis, mit dem sie begonnen haben, besser zu verstehen. Sie entdecken nun, was den Reiz der Grinskatze ausmacht. Allmählich wird ihnen jetzt klar, dass das Grinsen ein faszinierendes ***Beispiel*** ist und vielleicht sind sie kurz davor herauszufinden, wofür dieses Beispiel steht.

Zu dieser Vorgehensweise sollten wir die Kinder ermuntern. Wenn die Kinder jedoch nicht über das Grinsen hinauskommen, können Sie versuchen die Diskussion mit einer Frage voranzutreiben: „Kann sich jemand ein anderes Beispiel vorstellen, wo eine Sache vollständig verschwindet bis auf ***ein Detail***?“ Wenn eine Reihe von Beispielen erforscht wurde, stellen Sie die Frage: „Warum sind diese Fälle so seltsam? Was haben sie gemeinsam, was zur Erklärung beitragen könnte?“ Diese Fragen führen die Diskussion zu allgemeineren Überlegungen, die uns helfen können das ursprüngliche Geheimnis zu erhellen.

Die Bewegung vom Speziellen zum Allgemeinen ist typisch für die Philosophie. Gemeinsamkeiten des Besonderen und des Allgemeinen erkennen, ihren übergeordneten Plan ausmachen und generelle Prinzipien ableiten – diese Ansätze bilden einen Weg zu tieferem Verstehen.

Wir sind nun am Ende eines recht langen Kapitels. Trotzdem konnte vieles nicht behandelt werden. Deswegen möchte ich Sie gerne auf weitere Literatur zu diesem Thema hinweisen.[24] Ich glaube auch, dass Sie – wie am Anfang bereits erwähnt – nach Ihren ersten Erfahrungen mit dem philosophischen Diskutieren in der Klasse auf dieses Kapitel zurückkommen werden. Es wird Ihnen helfen über Ihre Erfahrungen nachzudenken.

Anmerkungen

22 In Philip Cam (Hg.). *Thinking Stories 2: Philosophical Inquiry for the Classroom*. Sydney: Hale & Iremonger 1994. (Die deutsche Übersetzung des Buches wird im Früjahr 1997 unter dem Titel „Können Augen sehen?" im Verlag an der Ruhr, Mülheim, erscheinen.)

23 Vgl. hierzu auch den Abschnitt „Induktives Denken" in Kapitel 7 über das Verallgemeinern in Diskussionen.

24 Als weiterführende Lektüre möchte ich vor allem folgende Publikationen empfehlen:

Matthew Lipman, Ann Margaret Sharp und Frederick S. Oscanyan. *Philosophy in Classroom*. Philadelphia: Temple University Press 1980;

Gareth Matthews. *Philosophische Gespräche mit Kindern.* (Aus dem Englischen von Hans-Ludwig Freese.)
Berlin: Freese 1989;

Ronald Reed. *Kinder möchten mit uns sprechen. (Aus dem Englischen von Barbara Brüning.)*
Hamburg: Verlag für Kinder und Eltern 1990;

Laurance J. Splitter und Ann Margaret Sharp. *Teaching for Better Thinking – The Classroom Community of Inquiry.*
Melbourne: Australian Council for Educational Research 1995.

KAPITEL 5

Diskussions-Vorschläge und andere Unterrichtshilfen vorbereiten

Obwohl Sie die Diskussion mit den Fragen und Kommentaren der Kinder beginnen sollten, empfiehlt es sich vorher Thesen und Übungen, die die Diskussion erweitern und strukturieren, vorzubereiten. Ein Vorteil der zu diesem Zweck zusammengestellten Materialen ist, dass Sie mit fertigen Übungen, Ideen und Diskussions-Vorschlägen ausgestattet sind. Wenn Sie mit diesen Unterlagen arbeiten, lernen Sie rasch, wie man eine Diskussion strukturiert. Sie werden darin zahlreiche Ideen für die Bearbeitung der von Ihnen ausgewählten Literatur finden. Darüber hinaus bekommen Sie, einfach indem Sie sich diese Hilfsmittel ansehen, einen Eindruck davon, wie man eine philosophische Klassendiskussion leiten kann.[25]

Diskussions-Vorschläge

Wenn eine Diskussion einmal in Gang gekommen ist, muss sie mitunter von Ihnen strukturiert und auf den Punkt gebracht werden. Ein ethisches Thema sollte beispielsweise mit viel Vorsicht angegangen werden, manchmal kreist die Diskussion jedoch auch um einen Begriff, der einer Erläuterung bedarf. In diesen Fällen ist es hilfreich für Sie einige gute Fragen parat zu haben, die die Diskussion weiterbringen. Diskussions-Vorschläge sind ein sorgfältig überlegter Fragenkatalog, der genau dies tut.

LehrerInnen, die ein besonderes Händchen für Diskussionen haben, können sich vielleicht darauf verlassen zum richtigen Zeitpunkt angemessene Fragen zu stellen, aber die meisten von uns brauchen so etwas wie einen Plan. Wenn Sie Diskussions-Vorschläge erstellen möchten, bevor Sie wissen, wie die Kinder auf eine Geschichte reagieren, müssen Sie die hervorstechendsten Ideen wählen. Fragen Sie sich, welche Ereignisse, Themen oder anderen Aspekte der Geschichte vermutlich die Aufmerksamkeit der Kinder erregen werden. Wählen Sie zwei oder drei der wahrscheinlichsten aus und entwickeln Sie Ihre Diskussions-Vorschläge um diese Themen herum. Praktischer ist es jedoch in der ersten Stunde mit den Kindern zu lesen, sie Fragen stellen zu lassen und einen Zeitplan zu erarbeiten. Die Diskussion folgt dann in der nächsten Stunde. Das gibt Ihnen die Möglichkeit den Plan nach den von den Kindern geäußerten Interessen auszurichten.

Die Diskussions-Vorschläge knüpfen an einem oder mehreren Ereignissen der Geschichte oder an einer der zentralen Ideen an und untersuchen die damit verbundenen Fragen oder Begriffe. Lassen Sie uns noch einmal auf die in Kapitel 3 dargestellte Wilhelm Tell-Geschichte zurückkommen und uns einige Beispiele ansehen. Wie wir gesehen haben, ist der Begriff der Freiheit zentral für die Geschichte und würde sicherlich an der einen oder anderen Stelle in der Diskussion aufkommen. Es gibt mehrere Episoden in der Geschichte, die als Aufhänger für eine Frage über die Freiheit dienen könnten. Zum Beispiel:

◆ - Wilhelm Tell hatte sich entschlossen sich nicht vor Gesslers Hut zu verbeugen. Bedeutet das, dass es ihm frei stand sich nicht vor dem Hut zu verbeugen? ◆

◆ - Am Ende entscheidet sich Tell auf den Apfel zu schießen. Bedeutet das, dass es ihm frei stand nicht auf den Apfel zu schießen? ◆

◆ - Tell erklärte seinem Sohn, dass er sich nicht vor dem Hut verbeuge, da er kein Sklave sei. Bedeutet das, dass er ein freier Mann war? ◆

◆ - Als Tell von Gesslers Boot floh, war er frei. Bedeutet das, dass er ein freier Mann war? ◆

Diese Fragen werden uns helfen die Diskussion auf das zu konzentrieren, was wir persönliche Freiheit nennen und bei der Untersuchung dieser Fragen werden die Kinder eine Vielzahl von Antworten auf die generelle Frage „Wann ist eine Person frei?“ geben.

Die Freiheit des Einzelnen ist in der Geschichte von Wilhelm Tell vielleicht ein weniger zentrales Thema als die Freiheit einer größeren Gruppe. Dazu ein paar Fragen, die Sie stellen könnten:

◆ - Nach Tells Siegen über die Österreicher wurden die Schweizer viel besser behandelt. Bedeutet das, dass sie mehr Freiheit hatten als zuvor? ◆

◆ - Hundert Jahre nach Tells Tod wurde die Schweiz endlich befreit. Was bedeutet das? ◆

Diese Fragen laden die Kinder ein über soziale und politische Freiheit nachzudenken und leiten die Diskussion zu den generellen Fragen über:

◆ - Kann ein Land von einem anderen regiert werden und trotzdem frei sein? ◆

◆ - Kann ein Volk seine eigenen Herrscher haben und trotzdem nicht frei sein? ◆

Solche Fragen können uns auch zu Überlegungen darüber führen, inwiefern sich ein Land von einer Nation unterscheidet, ob man eine Nation von einem Volk oder ein Volk von einer anderen Gruppe unterscheiden kann und was es für eine Person in der jeweiligen Situation bedeutet frei zu sein. Selbst wenn die Diskussion an dieser Stelle stehen bleibt, haben Sie durch die eingeschlagene Richtung den Kindern geholfen über Freiheit nicht nur im Kontext der Geschichte, sondern auch genereller nachzudenken. Zum Beispiel darüber, was es bedeutet zu sagen, jemand sei frei oder wie es ist in einer freien Gesellschaft oder einem freien Land zu leben. Ein solches Vorgehen nennt man sokratisch, da hier stillschweigend von einem Freiheitsverständnis der Kinder ausgegangen wird und das Gespräch lediglich versucht dieses explizit zu machen.

In derselben Art können wir die ethische Dimension des Textes untersuchen. Wenn beispielsweise Gessler Tell herausfordert den Apfel vom Kopf seines Sohnes zu schießen, befindet sich Tell in einem moralischen Konflikt. Soll er das Leben seines Sohnes riskieren oder auf die in Aussicht gestellte Freiheit verzichten? Was soll er tun? Lassen Sie uns einen Fragenkatalog zusammenstellen, der die Kinder an diesen Themenkomplex heranführt:

1. Warum lehnte Wilhelm Tell zunächst Gesslers Angebot ab auf den Apfel zu schießen?
2. Warum ging Tells Sohn auf das Angebot ein?
3. Was würdest du an Wilhelm Tells Stelle tun?
4. War es richtig von Tell auf den Apfel zu schießen, als sich sein Sohn einverstanden erklärte?
5. Hätte Tell sich nicht eher an Gessler ausliefern sollen, statt das Risiko auf sich zu nehmen seinen Sohn zu verletzen?
6. Wäre es richtig von Tell gewesen, Gessler zu töten, wenn er den Apfel nicht getroffen und seinen Sohn verletzt hätte?

Wenn Sie über Tells Konflikt nachdenken, kommen Sie unter Umständen auf einen anderen Fragenkatalog. Die von mir ausgewählten Fragen stellen nur einen der möglichen Wege dar. Beachten Sie jedoch, dass die Diskussion von den Gründen ausgeht, die die Figuren in der Geschichte für ihre Entscheidungen hatten und bei der Frage endet, was die Kinder in dieser Situation getan hätten sowie was richtig und was falsch gewesen wäre. Mit anderen Worten: Die Diskussion erhält durch die Fragen allmählich eine ethische Dimension.

Wie in Kapitel 4 besprochen, beginnt die philosophische Diskussion für gewöhnlich beim Speziellen und endet beim Allgemeinen. Wir könnten zum Beispiel mit der Frage beginnen, warum jemand in einer Geschichte keinen wirklichen Namen hat, dann zu der Frage übergehen, was einen Namen zu einem wirklichen Namen macht und damit enden, was eine Sache zu einer wirklichen Sache macht. Die Diskussion nähert sich dem Philosophischen an. Da es die tieferen und allgemeinen philosophischen Themen sind, die die Kinder zum Denken bringen und denen ihr Interesse gilt, sollte dieses Vorgehen vom Speziellen zum Allgemeinen durch gute Diskussions-Vorschläge unterstützt werden.

Sehen wir uns noch ein Beispiel an. Gessler hatte, wie Sie sich erinnern, befohlen, dass sich die Schweizer vor seinem Hut verbeugen sollen. Tell widersetzte sich diesem Befehl. Wir können diese Episode herausgreifen und einen Fragenkatalog entwickeln, mit dessen Hilfe die Kinder über Rechte und Pflichten und ihr Verhältnis zu Befehlen nachdenken sollen. Die Fragen gehen von der Motivation der Figuren in der Geschichte aus, behandeln ihre Rechte und Pflichten unter den gegebenen Umständen und enden bei einigen allgemeinen Fragen über die Pflicht zum Gehorsam und das Recht sich zu widersetzen:

1. Warum hat Gessler deiner Ansicht nach den Schweizern befohlen sich vor seinem Hut zu verbeugen?
2. Warum hat Tell sich geweigert sich vor Gesslers Hut zu verbeugen?
3. Hättest du dich nicht vor dem Hut verbeugt?
4. Hatte Gessler das Recht einen solchen Befehl zu geben?
5. Hatte Tell die Pflicht diesem Befehl zu gehorchen?
6. Wann haben Menschen die Pflicht einen Befehl auszuführen?
7. Wann haben Menschen das Recht den Gehorsam zu verweigern?

Der Charakter der Fragen in wohl überlegten Diskussions-Vorschlägen lässt die Kinder über ein Problem nachdenken, weil die möglichen Antworten vorher noch nicht feststehen. Sie lassen Raum für wirkliches Nachdenken, in dem die Kinder forschen und sich über Ideen Gedanken machen. Wenn wir Kinder so diskutieren lassen, tragen wir zu ihrer moralischen Erziehung bei. Dies geschieht nicht in Form moralischer Unterweisungen, sondern indem wir ihnen helfen ein besseres Verständnis und ein größeres Bewusstsein für komplexe Vorgänge zu gewinnen. Kinder, die über die sozialen und politischen Probleme, die in einer Geschichte wie jener über Wilhelm Tell enthalten sind, nachdenken und diskutieren, werden tief in den Bereich der Sozialkunde geführt. Mit den entsprechenden Materialien können wir das Gleiche für jedes andere Fach tun.

Übungen & Aufgaben

Lassen Sie uns beim Beispiel Wilhelm Tell bleiben und überlegen, wie sich einige Themen der Geschichte mit den Erfahrungen der Kinder in Übungen verbinden lassen. Nehmen wir z.B. die Tyrannei. Statt die Kinder darüber nachdenken zu lassen, was Tyrannei ist, sollten wir uns lieber auf Dinge beziehen, die ihnen vertraut sind. Glücklicherweise kennen die meisten Kinder, die heute in die Schule gehen, Tyrannei nicht als absolute Regel oder als harte und repressive Regierungsmacht. In jedem Fall aber ist Tyrannei als zufällige oder bewusst unterdrückende Machtausübung einer großen Anzahl der Kinder sehr wohl bekannt. Vielleicht werden wir auf Erfahrungen der Kinder stoßen, die für die Kinder so weit mit politischen Bedingungen vergleichbar sind, dass sie die Basis für die Erforschung des Begriffs darstellen können. Hier ist eine Übung, die diesen Versuch unternimmt. Sie kann kopiert und unmittelbar für die Klassendiskussion oder eine Vorabdiskussion in kleinen Gruppen verwendet werden. Sie können die Kinder zunächst auch allein über diese Fragen nachdenken lassen und dann mit der Klassendiskussion beginnen:

Erforschung eines Begriffs: Wie ein Tyrann

In der Geschichte spricht Wilhelm Tell von Gessler und den österreichischen Besatzern wie von Tyrannen. Gessler wird als ungerecht und brutal beschrieben. Wie würdest du folgende Situationen einschätzen? Benimmt sich hier jemand wie ein Tyrann? In manchen Fällen kann man es vielleicht nicht genau wissen. In jedem Fall solltest du deine Antwort begründen können.

	Wie ein Tyrann	**Nicht wie ein Tyrann**	**Unsicher**
1. Die Kinder in unserer Straße haben einen Klub gegründet. Ich mag diesen Klub nicht, weil sich Peter zum Anführer erklärt hat und jeden zwingt das zu tun, was er will.			
2. Maria kommandiert immer ihre kleine Schwester herum.			
3. Unsere Lehrerin heißt Frau Grauzahn. Sie ist sehr streng.			
4. Anita mag ihren Chef im Supermarkt nicht. Er lässt sie sehr hart arbeiten und zahlt ihr fast gar nichts.			
5. Jeden Tag bevor Dieter zur Schule geht, bindet er seinen Hund an einen Pfosten im Garten.			
6. Bernds Vater droht ihm oft, wenn Bernd nicht auf ihn hört.			

Eine Übung dieser Art erforscht über die Vokabel ***Tyrann*** hinaus den Begriff, indem diverse, möglicherweise analoge Fälle geschildert werden. Beachten Sie, dass ich ***möglicherweise*** analog gesagt habe, weil nicht alle zur Diskussion stehenden Fälle eindeutig sind. Einige Fälle liegen am Rand des Begriffsfeldes, wo die Zuordnung nicht klar ist. Sie stellen die unter Umständen problematischen Grenzbereiche eines Begriffs dar und verlangen eine genauere Untersuchung der Wortbedeutung.[26] Dieser Aspekt der

Übung kommt der erzieherischen Absicht entgegen. Durch Beispiele, bei denen sich die Kinder nicht sicher sind, bringen wir sie dazu wirklich nachzudenken: Da sie vermutlich nicht einer Meinung sind, hören sie sich die Meinung der anderen an, überlegen eventuell hin und her und ändern im Verlauf der Diskussion vielleicht ihre Meinung.

Übungen zur Erforschung eines Begriffs können auch verwendet werden um den Kindern Verbindungen zwischen einzelnen Wörtern zu verdeutlichen. Die folgende Übung zu den Stichworten „frei“ und „unfrei“ soll diese Verbindungen aufzeigen. Sie ist angelegt als individuelle Arbeit im Anschluss an eine Klassendiskussion:

Begriffsgegensatz: frei und unfrei

Hier sind einige Sätze und eine Wortliste, die sich auf die Geschichte von Wilhelm Tell beziehen. Verbinde jeden Satz mit dem Wort, das am besten das im Satz unterstrichene Wort ersetzt.

Die Schweiz wurde einmal von Österreich beherrscht.	retten
Die Schweizer sehnten sich nach der Zeit, in der sie frei sein würden.	hinbringen
Tell wollte sein Land aus österreichischer Herrschaft befreien.	verhaften
Gessler befahl, dass sich jeder vor seinem Hut verbeugen solle.	auf freien Fuß setzen
Tell wurde gefangen genommen.	gefangen
Gessler versprach Tell freizulassen, wenn er den Apfel träfe.	regieren
Tell lag in Ketten.	freilassen
Tell wurde zum Boot geschleppt.	fordern
Tell wurde von seinen Ketten befreit.	Freiheit
Am Ende hatte die Schweiz ihre Unabhängigkeit erlangt.	unabhängig

Nun ordne die Wörter den Kategorien „frei“ und „unfrei“ zu. Wenn du nicht sicher bist, schreibe das Wort unter das Fragezeichen:

frei	**unfrei**	**?**
retten	verhaften	regieren
auf freien Fuß setzen	gefangen	fordern
freilassen		hinbringen
Freiheit		
unabhängig		

Alternativ zu dieser Übung können Sie die Kinder auch bitten selbst Sätze zu konstruieren und dann in einer kleinen Gruppe nach Synonymen zu suchen. Sie finden diese Variation in Kapitel 6 unter der Überschrift „Tausch“. Für die Suche nach Antonymen können Sie den Abschnitt „Hantel“ (vgl. ebenfalls Kapitel 6) lesen.

Wenn wir Kinder zu gutem Denken erziehen wollen, müssen wir ihre analytischen Fähigkeiten steigern. Dazu gehört es Konsequenzen und Handlungsmotivationen sowie Voraussetzungen und Umstände zu erkennen. Übungen mit diesem Ziel lassen sich leicht auf der Basis von Erzähltexten erstellen. Bei Wilhelm Tell können Sie einfach eine Übung zu den Beweggründen verschiedener Handlungen machen. Fragen Sie die Kinder, welche Motivationen wahrscheinlich hinter folgenden Handlungen stekken:

- Gessler befiehlt den Schweizern sich vor seinem Hut zu verbeugen.
- Gessler fordert Tell heraus auf den Apfel zu schießen.
- Tell weigert sich auf den Apfel zu schießen.
- Tells Sohn geht auf Gesslers Angebot ein.

◆ - Tells Sohn steht ganz ruhig und gerade da. ◆

◆ - Gessler befiehlt seinen Soldaten Tell festzunehmen. ◆

◆ - Gessler befiehlt Tell das Boot zu steuern. ◆

◆ - Tell tötet Gessler. ◆

Dieser Übungstyp kann auch als nachbereitende schriftliche Arbeit für ältere SchülerInnen verwendet werden.

Da die Werkzeuge der philosophischen Diskussion vielfach verwendet werden können, fördern sie nicht nur das Denken in den Bereichen Sozialkunde, Naturwissenschaft, Technik, Literatur und Gesundheit, sondern schaffen auch Verbindungen zwischen den verschiedenen Bereichen. Lassen Sie mich das an einem Beispiel veranschaulichen und eine Übung zu Wilhelm Tell entwickeln, die – im Gegensatz zum bisherigen Schwerpunkt Sozialkunde – im Kunstunterricht Verwendung finden könnte. Jedes Thema der Geschichte würde sich hierfür eignen, mich faszinieren aber besonders die verschiedenen Facetten des Stolzes.

Wir sprechen von Stolz in sehr unterschiedlichen Kontexten. Einige Facetten dieses Gefühls finden sich in der Geschichte. Den Schweizern sagt man nach, sie sprächen von ihrem Nationalhelden voller Stolz. Sie mögen ihn. Gessler ist vor Stolz gebläht. Kinder würden sagen, er ist gemein und angeberisch. Wir würden wahscheinlich sagen, er ist arrogant. Und Wilhelm Tell hebt stolz den Kopf, als er an dem Hut vorübergeht. Er hat Selbstwertgefühl und wird sich nicht erniedrigen, indem er sich vor dem Hut verbeugt. Lassen Sie die Kinder nach den Stellen im Text suchen, wo der Stolz in der Geschichte eine Rolle spielt. Dann sollten Sie darüber diskutieren, ob es sich jeweils um eine andere Art des Stolzes handelt. Lassen Sie die Kinder den Unterschied zwischen „an etwas Freude haben", „vor Stolz gebläht sein" und „Selbstwertgefühl haben" an Beispielsätzen wie in der Übung zum Stolz (vgl. Seite 88) untersuchen.

Wenn die Kinder über das Thema nachgedacht und einige Unterschiede herausgefunden haben, können sie ein Bild zu einem der folgenden Themen malen: der unbarmherzige und grausame Gessler, der vor Stolz gebläht ist; Wilhelm Tell als Schweizer Nationalheld, dem man Stolz entgegenbringt; Wilhelm Tell, der stolz seinen Kopf hebt, als er an Gesslers Hut vorübergeht. Danach kann die Klasse darüber diskutieren, wie die verschiedenen Facetten des Stolzes in den Bildern umgesetzt wurden.

Unterschiede machen: Stolz

Welchen der verschiedenen Facetten des Stolzes lassen sich die Sätze zuordnen? Einige können mehr als einer Gruppe angehören.

	An etwas Gefallen haben?	**Vor Stolz gebläht sein?**	**Selbstwertgefühl haben?**
1. Isabel ist stolz auf ihre Arbeit.			
2. Lügen ist nichts, worauf man stolz sein könnte.			
3. Stephens Gekicher hat Silvias Stolz verletzt.			
4. Pug ist stolze Mutter von drei jungen Hunden.			
5. Matthias ist zu stolz um seinen Fehler zuzugeben.			
6. Lena hat eben auch ihren Stolz.			
7. Giovanni ist Mutters ganzer Stolz.			
8. Penelope ist stolz wie ein Pfau.			

Obwohl das Thema „Diskussions-Vorschläge und andere Unterrichtshilfen vorbereiten“ nur kurz behandelt wurde, habe ich in diesem Kapitel gezeigt, wie die Diskussions-Vorschläge eine Diskussion strukturieren, auf einen bestimmten Aspekt konzentrieren und bei der Erforschung eines Themas helfen können. Es wurde dargestellt, wie Übungen mit dem Ziel entwickelt werden Begriffe gegeneinander abzugrenzen oder miteinander zu verbinden, Gründe zu finden, Schlussfolgerungen zu ziehen und Unterscheidungen zu machen. Wie ich schon am Anfang des Kapitels gesagt habe: Ein Vorteil Erfahrung mit derartig zurückorientierten Materialien zu sammeln liegt darin, dass Sie sich mit diesen hilfreichen Übungs- und Diskussionsformen vertraut machen.

Wenn Sie selbst eine Geschichte ausgewählt haben, bearbeiten Sie sie in der Weise, wie ich es in Kapitel 3 gezeigt habe, und versuchen Sie, bevor Sie mit einer Klassendiskussion beginnen, ein oder zwei Fragenkataloge um die zentralen Ideen der Geschichte zu erstellen. Mit ein bisschen Nachdenken fallen Ihnen sicher sinnvolle Fragen ein und mit der Zeit wird Ihnen diese Arbeit immer leichter fallen. Denken Sie sich am besten auch einige Übungen aus. Das hierfür benötigte Werkzeug möchte ich in den folgenden beiden Kapiteln beschreiben.

Anmerkungen

[25] In der Arbeitsmappe „Sterben Äpfel auch?“ finden Sie zahlreiche „Diskussions-Vorschläge“ der hier beschriebenen Art.

[26] Das ist typisch für Begriffe, die sich besonders gut für philosophische Diskussionen eigenen. In Kapitel 6 stelle ich ein Denkwerkzeug mit dem Namen „Zielscheibe“ vor, das den Zweck hat die Grenzbereiche eines Begriffs zu erforschen.

TEIL III

Denkwerkzeuge

KAPITEL 6

Werkzeuge des begrifflichen Denkens

Zugegebenermaßen ist gutes Denken eher eine Kunst als etwas, das man durch routinierte Anwendung von Werkzeugen beherrscht. Aber wir alle brauchen Werkzeuge um effektiv zu denken. Wie bei der Kochkunst brauchen jene, die die Kunst des Denkens lernen, einige Grundwerkzeuge und ein wenig Übung um sie richtig anzuwenden. Genauso ist es mit dem Denken.

In diesem Kapitel werden einige einfache Werkzeuge des kategorischen Denkens behandelt, mit denen Begriffe erforscht, definiert und in Kategorien eingeteilt werden können. Die meisten dieser Werkzeuge sind hauptsächlich für die Gruppenarbeit oder die Klassendiskussion bestimmt, können aber auch so abgewandelt werden, dass die Kinder individuell mit ihnen arbeiten. Ist die Diskussion einmal in Gang, werden sich den LehrerInnen – die mit den Werkzeugen bereits vertraut sind – viele Gelegenheiten bieten diese in der Klasse einzuführen. Es gibt keine bestimmte Reihenfolge, in der sie vorgestellt werden sollten. Das entscheidende Kriterium ist, dass es in der jeweiligen Situation weiterhilft. Trotzdem würde ich Ihnen raten nicht alle auf einmal einzuführen. Wenn die Kinder mit einem Werkzeug arbeiten können, führen Sie bei der nächsten Gelegenheit ein anderes ein. Ich werde den Zweck eines jeden Werkzeugs schildern und zeigen, wie es in der Klasse funktioniert.

Begriffe erforschen

Begriffe ermöglichen intellektuelles Wissen und Verstehen. Sie stützen die Sprache und beeinflussen unsere Wahrnehmung und unser Handeln. Lassen Sie mich das an einem Beispiel demonstrieren. Thomas hat mit fünf oder sechs Jahren keine genaue Vorstellung, was es heißt stolz zu sein. Deshalb wird er nicht in der Lage sein den Stolz im Gesicht eines anderen Kindes als solchen auszumachen, er kann nicht stolz auf seine Bemühungen sein und weiß nicht, dass Stolz nicht immer eine Tugend ist. Für Thomas wird das Wort „Stolz" keine klare Bedeutung haben, es wird nicht zu seinem aktiven Wortschatz zählen und er wird Schwierigkeiten haben damit einen Satz zu bilden.

Gedanken und Handlungen der Menschen spiegeln den Reichtum, die Vielfalt, die Geschlossenheit und den Grad der Verinnerlichung ihrer Begriffe wider. Je weniger vielfältig unsere Begriffe sind, desto eingeschränkter ist unser Denken; je rudimentärer der Aufbau unserer Begriffe ist, desto rudimentärer auch unser Denken; je inkohärenter unsere Begriffe sind, desto wirrer ist auch unser begriffliches Denken und je weniger wir feste Verbindungen zwischen unseren Begriffen herstellen können, desto weniger sind wir auch in der Lage komplexe Bedeutungen zu erkennen. Um noch einmal auf den Stolz zurückzukommen: Als Erwachsene haben wir eine Vorstellung davon, was Stolz ist. Im Gegensatz zu Thomas wissen wir, dass er nicht immer eine Tugend ist. Aber vielleicht ist uns nicht ganz klar was unter „glühendem Stolz" zu verstehen ist und wir sind eventuell nicht in der Lage Stolz mit anderen psychologischen Verhaltensweisen und Gefühlen zu verbinden. Genauso wenig wird uns vielleicht die vollständige Bedeutung dieser Zeilen von Sir Walter Scott aufgehen:

„Nur Rache bleibt und denk' ich an den Mord
So ist kein sanfter Kummer möglich
Glühender Stolz und größte Abscheu dort
Wo Tränen fließen sollten unversieglich."

Wenn wir nicht einiges an Vorwissen mitbringen, können wir diese Sprache kaum verstehen, geschweige denn benutzen.

LehrerInnen müssen die begriffliche Entwicklung der Kinder in allen Bereichen des Unterrichts fördern. Deshalb werden engagierte LehrerInnen jede Möglichkeit nutzen Begriffsfelder aufzubauen. Neben dem Erklären von Begriffen in den unterschiedlichen Lernbereichen müssen wir den Kindern auch geistige Gewohnheiten beibringen, die die begriffliche Entwicklung unterstützen. Es ist nicht ausreichend den Kindern nur bestimmte Konzepte beizubringen. Wir müssen auch die Fähigkeit der Kinder fördern sich selbst Begriffe anzueignen und damit ihr begriffliches Denken zu bereichern. Die unten beschriebenen Werkzeuge wurden für diesen Zweck entwickelt.

Gemeinhin rechnet man das begriffliche Denken zu den angeborenen Fähigkeiten. Deshalb glaubt man, begriffliches Denken sei nur in einem sehr geringem Maße erlernbar. Das ist ein Fehler. Genauso wie wir ein Tagebuch als Gedächtnishilfe benutzen können, unterstützen Hilfen des begrifflichen Denkens diese Form des Denkens. Tagebücher helfen uns uns an Dinge zu erinnern, die wir sonst vergessen würden, und begriffliche Hilfen erweitern unsere Begriffsfähigkeiten. Als LehrerInnen sind wir wohl nicht in der Lage auf die angeborenen Fähigkeiten unserer SchülerInnen Einfluss zu nehmen, aber wir können das maximale aus ihrer Auffassungsgabe machen, indem wir sie mit Denkwerkzeugen ausstatten und ihnen zeigen, wie sie zu benutzen sind.

Ich habe für das begriffliche Denken fünf Werkzeuge ausgesucht. Damit man sie sich leicht merken kann, habe ich sie „Zielscheibe", „Verrückter Fall", „Tausch", „Brücke" und „Hantel" genannt. Benutzen Sie diese Begriffe in der Klasse, damit die Kinder die Werkzeuge benennen können. Nach einer Weile werden die Kinder wissen, wie sie sie in der Diskussion anwenden und sie werden einfach sagen „Hier ist ein verrückter Fall" oder „Lasst uns eine Zielscheibe machen".

Zielscheibe

Die „Zielscheibe"[27] ist ein Werkzeug, das die Kinder benutzen, wenn sie sich über einen Begriff nicht im Klaren sind oder wenn Unstimmigkeiten in der Klasse auftreten, weil ein Begriff zu vage ist oder seine Grenzen verschwimmen.

Gino: Ich würde nicht sagen, dass Prinzessin Pfiffigunde schön ist.
Verity: Vielleicht ist sie hübsch.
Garry: Könnten wir sagen, sie ist attraktiv?
Helga: Ist attraktiv nicht dasselbe wie schön?
Amanda: Vielleicht ist attraktiv mehr so wie hübsch.

Bei einer „Zielscheibe" werfen die Kinder alle Vokabeln in einen Topf und versuchen dann aus dem „Begriffe-Brei" die Grenzen der Begriffe zu erforschen und die Unstimmigkeiten mithilfe von Kriterien zu klären. Dieses Werkzeug kann auf die meisten Begriffe angewendet werden, über die sich Philosophen schon einmal Gedanken gemacht haben: gut, wahr, schön, gerecht, richtig, Person, möglich, real, existieren oder wissen.

Vorgehen

1 Fragen Sie die Klasse nach allen Begriffen, die sie mit dem zur Diskussion stehenden Begriff assoziieren. Dieser Schritt sollte schnell und ohne Diskussion vor sich gehen. Weisen Sie keines der von den Kindern vorgeschlagenen Wörter zurück und schreiben Sie alle an die Tafel. Sie können unter Umständen auch selbst den einen oder anderen wichtigen Begriff hinzufügen.

2 Teilen Sie die Klasse in Zweiergruppen auf und geben Sie jedem Paar eine leere Papierzielscheibe mit zwei konzentrischen Kreisen wie aus der Abbildung (siehe Seite 93) hervorgeht. (Sie können natürlich alternativ dazu die Kinder die Kreise selbst basteln lassen.) Die Kinder sollen dann jedes Wort der Liste in den ihrer Meinung nach richtigen Kreis schreiben. Jedes Wort, bei dem sie unsicher sind, kommt in den Ring mit dem Fragezeichen. Wenn es Wörter gibt, die ihrer Ansicht nach nichts mit dem behandelten Begriff zu tun haben, sollten sie diese ganz außerhalb der Kreise schreiben.

3 Beginnen Sie nun mit der Klassendiskussion. Fragen Sie nach den Wörtern, die im Fragezeichen-Ring stehen. Gehen Sie die Liste auf der Tafel durch, damit die Klasse diese Wörter aussortiert. Zeichnen Sie eine Zielscheibe an die Tafel und schreiben Sie die problematischen Wörter in den Fragezeichen-Ring.

4 In der daran anschließenden Diskussion sollten Argumente gesucht werden um strittige Begriffe der einen oder anderen Gruppe zuzuordnen. (Die Gründe können unter anderem Beispiele, Gegenbeispiele oder Definitionen enthalten. Definitionen werden im nächsten Abschnitt dieses Kapitels behandelt. Für die Gegenbeispiele vgl. Kapitel 7.)

Beispiel:

Zielscheibe: „Wissen“

Am Ende von Punkt 3 standen die Wörter oben alle im Fragezeichen-Bereich. Hier sind einige Highlights der sich anschließenden Diskussion:

Rebecca: Etwas zu entdecken bedeutet zu Wissen zu kommen. Deshalb gehört die Entdeckung in den inneren Kreis.

(Rebecca benutzt eine Definition.)

Scott: Glaube sollte nicht in den Kreisen stehen. Es ist nicht dasselbe wie Wissen. Früher haben die Menschen geglaubt, die Erde sei eine Scheibe, später haben sie entdeckt, dass das nicht stimmt. Nur an etwas zu glauben bedeutet nicht es zu wissen.

(Scott gibt ein Gegenbeispiel zu der These, dass Glaube Wissen sei.)

Lydia: Ich kann dem, was Scott gesagt hat, nicht voll und ganz zustimmen. Der Glaube der Leute kann auch stimmen und dann würden wir sagen, sie hätten es gewusst. Wie z.B. das Wissen, dass die Erde rund ist. Das ist ein richtiger Glaube. Die Dinge, die du weißt, sind die Dinge, die du glaubst und die gleichzeitig auch richtig sind.

(Lydia gibt hier eine ***Definition***.)

Deshalb bin ich der Ansicht, dass Glaube bleiben sollte, wo er ist – er ist verbunden mit Wissen.

Amanda: Verstehen gehört zu Wissen. Z.B. wenn ich ein Wort verstehe, weiß ich, was es bedeutet.

(Amanda gibt ein Beispiel.)

Das ist dasselbe.

Eugenio: Ich stimme Amanda zu. Wenn du etwas verstehst, weißt du, was es bedeutet, und wenn du weißt, was es bedeutet, hast du es verstanden.

Verrückter Fall

In „Verrückter Fall“[28] denken sich Kinder unwahrscheinliche, seltsame oder unmögliche Fälle für die Anwendung eines Begriffs aus. Da uns komische oder verrückte Beispiele helfen die Kriterien zu entwickeln, die wir normalerweise auf einen Begriff anwenden, kann der „Verrückter Fall“ immer dann eingesetzt werden, wenn es darum geht diese Kriterien zu überprüfen. Zum Beispiel:

Tom: Ich kenne jemanden, der mit einer Uhr befreundet ist.

Katrina: Im Park ist eine Person aus Stein.

Toms Beispiel rückt den Begriff der Freundschaft in den Mittelpunkt und Katrinas Beispiel behandelt den Begriff der Person. Wenn Kinder einmal die Idee verstanden haben, werden sie schnell Vorschläge machen.

Vorgehen

1 Jemand erfindet einen verrückten oder unsinnigen Fall um den behandelten Begriff zu erforschen.

2 Lassen Sie nun die Klasse erklären, was verrückt an diesem Beispiel ist. Während der Diskussion listen Sie die von den Kindern genannten Gründe an der Tafel auf:

> Was ist das Verrückte an einer Person, die aus Stein ist?
>
> - Stein lebt nicht
> - Steine können nicht denken
> - Steine können nicht fühlen
> - Steine können nicht …

Die Liste sollte eine vernünftige Anzahl von auf den Begriff anwendbaren Kennzeichen umfassen. Das bedeutet, sie enthält viele Charakteristika, die etwas (im Beispiel: Stein) haben muss, nicht haben muss/darf oder normalerweise hat, wenn es auf einen Begriff bezogen wird (im Beispiel: Person). Seien Sie nicht überrascht, wenn jemand diesen Fall nicht völlig verrückt findet, und lassen Sie die Diskussion ruhig bei strittigen Punkten verweilen.

Tausch

„Tausch" hilft die Bedeutungen, die ein Wort in unterschiedlichen sprachlichen Kontexten haben kann, zu entdecken. „Tausch" möchte bei den Kindern auch ein Bewusstsein für die begrifflichen Zusammenhänge zwischen den Wortgruppen schaffen. Bei „Tausch" konstruieren die Kinder Sätze, in denen das zur Diskussion stehende Wort verwendet wird und suchen dann nach Synonymen, durch die dieses Wort ersetzt werden kann. Wenn Sie mit „Tausch" arbeiten wollen, verwenden Sie nur Wörter, die zahlreiche Bedeutungen haben. Hier sind einige Beispiele: einigen, sorgen, verbinden, glauben, frei, gut, Geist, denken, falsch.

Vorgehen

1 Sie sollten die SchülerInnen am Anfang von „Tausch" Wörter bilden lassen, die alle auf denselben Stamm zurückgehen. Für ***frei*** wäre das zum Beispiel ***befreit, Freiheit, freiheitlich*** usw. Schreiben Sie diese Wörter an die Tafel.

2 Lassen Sie jedes Kind einen Satz mit einem oder mehreren Wörtern der Liste bilden.

3 Teilen Sie nun die Klasse in kleine Gruppen auf und lassen Sie jede Gruppe nach einem Wort suchen, das am besten das Originalwort ersetzt ohne die Bedeutung des Satzes wesentlich zu ändern. Ein einfacher Test um zu überprüfen, ob das Ersatzwort auch funktioniert, ist den Satz mit dem neuen Wort noch einmal zu schreiben. Einen Ersatz zu finden ist mitunter nicht einfach, deshalb gehen Sie von Gruppe zu Gruppe und helfen Sie, wenn es nötig ist. Sie könnten diese Arbeit von den Kindern auch am Computer machen lassen.

4 Lösen Sie die Gruppen auf und lassen Sie die Kinder ihre Ergebnisse vortragen. Beurteilen Sie die vorgeschlagenen Lösungen und stellen Sie sie zur Diskussion. Schreiben Sie alle guten Ersatzwörter an die Tafel. (Sie können auch einige Sätze an die Tafel schreiben, die den SchülerInnen Schwierigkeiten bereitet haben und sie bitten sich in den nächsten 2-3 Tagen Vorschläge überlegen.)

5 Manchmal können die Ersatzwörter in interessante Gruppen aufgeteilt werden. Fragen Sie deshalb die Kinder, ob sie zwischen dem ursprünglichen Wort und seinem Ersatz irgendwelche Verbindungen oder Unterschiede erkennen können.

Beispiel

Begriff: „verbinden"

Wortliste: verbinden, verbindlich, Verband, Verbindung

◆ 1. Entschuldigung, ich bin falsch ***verbunden***. ◆
(sich verwählen)

2. Thomas hat sich verletzt und bekommt einen ***Verband***.
(ärztlich versorgt werden)
3. Anna gab eine ***verbindliche*** Zusage.
(fest)
4. Nach den wochenlangen Schneefällen war die ***Verbindung*** zur Außenwelt unterbrochen.
(Kontakt)
5. Sandra ***verbindet*** mit dem Wort „Glück“ etwas anderes als Stefan.
(an etwas denken)
6. Eva tastete sich mit ***verbundenen*** Augen durch die Wohnung.
(verhüllten)
7. Die beiden Orte sind nur durch eine Brücke miteinander ***verbunden***.
(stehen in Kontakt)

Brücke

Eine „Brücke“[29] schärft den Umgang mit der Sprache und macht das Urteil der Kinder präziser. Sie kann bei allen Begriffen angewendet werden, die einen Gegensatz beinhalten, wie Temperatur (heiß und kalt), Größe (groß und klein), Schönheit (schön und hässlich) und Gefühl (glücklich und traurig). Die Kinder erweitern ihren Wortschatz, indem sie eine Brücke zwischen den beiden Polen bauen. Ich werde die „Brücke“ an einer Stelle genauer erklären, wo sie zur Erforschung eines begrifflichen Gegensatzes relevant sein wird. Sie können die „Brücke“ aber auch als kleine Gruppenarbeit vorbereiten und jeder Gruppe ein Kartenset mit Wortkarten geben. Die Kinder müssen dann die Wortkarten in die richtige Reihenfolge bringen.

Mit einem vorbereiteten Kartenset bauen die Kinder in Gruppenarbeit eine Brücke.

Vorgehen

1 Schreiben Sie die beiden Pole des Gegensatzpaares an die gegenüberliegenden Ränder der Tafel und ziehen Sie eine Verbindungslinie. Die Kinder sollen dieser Skala einen Namen geben. Die Gegensätze müssen tatsächliche Gegensätze einer begrifflichen Skala sein (wie heiß und kalt) und dürfen nicht einfach konventionelle Gegensätze sein (wie Hund und Katze).

2 Bitten Sie nun die Kinder Begriffe zu nennen, die irgendwo zwischen den beiden Polen liegen. Wenn die Kinder neue Wörter vorschlagen, sollten sie gleichzeitig sagen, wo ihrer Meinung nach das Wort auf der Skala stehen müsste. Das führt eventuell zu einer Diskussion. Machen Sie so lange weiter, bis den Kindern keine neuen Wörter mehr einfallen. Sie sollten die Kinder vielleicht noch darauf aufmerksam machen, dass die beiden Pole nicht unbedingt die Extrempunkte der Skala sind.

Beispiel

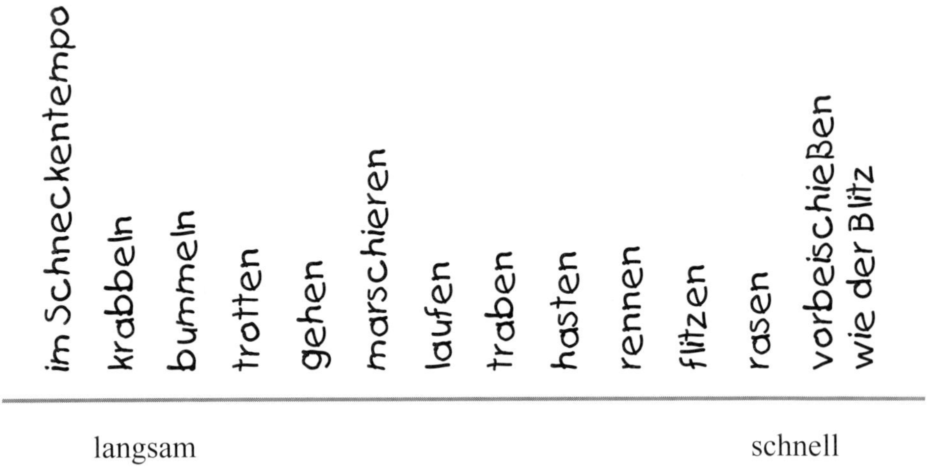

Begriff: „Geschwindigkeit“

Hantel

Eine „Hantel“[30] ist ein einfaches Gerät um das begriffliche Bewusstsein der Kinder mithilfe von Gegensätzen zu fördern. Es kann wie bei der „Brücke“ bei jedem begrifflichen Gegensatz verwendet werden. Benutzen Sie es, damit die Kinder mit einzelnen Begriffen ein Wortfeld assoziieren.

Vorgehen

1 Gehen Sie von einem in der Diskussion aufgetauchten Gegensatzpaar aus (wie in der „Brücke“), das Sie diesmal jedoch in die als Kreise dargestellten Außengewichte einer Hantel schreiben.

2 Fragen Sie die Kinder nun nach anderen Wörtern, die eine ähnliche Bedeutung haben. Wenn einem Kind ein Wort einfällt, ist es oft sinnvoll nach dem Gegenteil dieses Worts zu fragen. Schreiben Sie es in den anderen Kreis und machen Sie so lange weiter, bis Ihnen keine Wörter mehr einfallen.

Beispiel

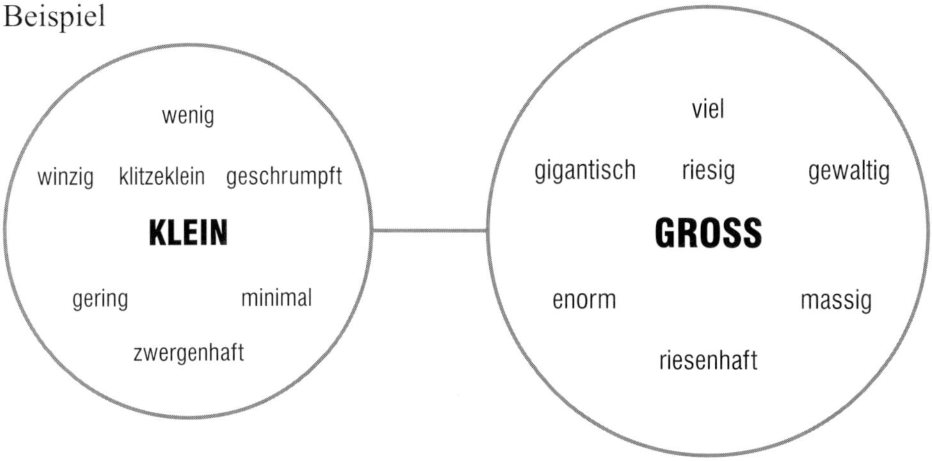

Definitionen

Wir verwenden oft Wörter richtig ohne sie wirklich definieren zu können. Jemand, der in einer alltäglichen Sprechsituation ein Wort souverän benutzt und damit Sätze konstruiert, hat eine Vorstellung von seiner Bedeutung, die für die meisten Zwecke ausreichend ist. Trotzdem gibt es Situationen, wo wir die verwendeten Begriffe definieren sollten. Im Bereich der Technik und Naturwissenschaft sind präzis definierte Ausdrücke unabdingbar, ebenso in spezialisierten Sachgebieten wie Medizin und Recht. Aber auch in alltäglichen Diskussionen gibt es oft Missverständnisse oder die Gesprächspartner kommen in Bezug auf ein bestimmtes Thema nicht weiter, weil sie einen Ausdruck ohne klare oder vereinbarte Definition verwenden. Manchmal manipulieren Menschen Sprache auch für ihre Zwecke und führen damit Ahnungslose in die Irre. In gängigen, verbreiteten Rollenvorstellungen verbindet man diese Praxis mit Politikern und Immobilienmaklern, aber jeder von uns tut das hin und wieder. Jene, die wissen, wie Begriffe definiert werden, sind vermutlich kritischer, wenn jemand diese Tricks verwendet.

Deswegen sollte man SchülerInnenn nicht nur beibringen, wie man ein Wörterbuch benutzt, sondern auch, wie Begriffe definiert werden. Zu lernen, wie man einen Begriff definiert, ist nicht dasselbe wie Definitionen lernen. Definieren ist eine kategorisierende Aufgabe, bei der wir Beziehungen zwischen verschiedenen Klassen herstellen müssen. Im einfachsten Fall beschreibt die Definition zwei sich teilweise überlappende Klassen, sodass sich der zu definierende Begriff auf Teile aus beiden Klassen bezieht. Die größere Klasse heißt ***genus proximum*** (= nächsthöhere Gattung). Die andere Klasse enthält die Eigenschaften, die den gefragten Gegenstand von anderen Mitgliedern dieser Klasse unterscheidet und wird ***differentia specifica*** (= artbildender Unterschied) genannt. Zum Beispiel hat Aristoteles den Menschen als vernunftbegabtes Lebewesen definiert. Wir können also sagen, dass der Mensch zunächst als ein Mitglied einer größeren Klasse, nämlich der Lebewesen, gesehen wird (das ist der ***Genus***), und dann als vernunftbegabt, ein Attribut, das Aristoteles heranzieht um uns von den anderen Lebewesen zu unterscheiden. Aristoteles' Definition ist natürlich nicht die einzig mögliche.

Es ist wichtig zu erkennen, dass Dinge vielen Klassen angehören und sich von anderen Mitgliedern der Klasse durch viele verschiedene Attribute unterscheiden. Eine gute Definition bezieht sich deshalb nicht nur auf die zur Diskussion gestellten Aspekte, sondern auch auf einen Genus und Eigenschaften, die ein wesentliches Merkmal des Gegenstandes behandeln. Nehmen wir z.B. Platons Definition des Menschen als ein federloser Zweifüßer. Selbst wenn Genus und Attribut dieser Definition ausreichen, ist die Definition trotzdem nicht ganz ernst zu nehmen, da das Federlose wohl kaum die wesentliche Eigenschaft ist, die uns von den anderen Zweifüßern unterscheidet.

Abgesehen von dem Fehler nicht die essenziellen Attribute für die Definition herauszugreifen, gibt es eine ganze Reihe anderer Fehlerquellen, die eine Definition verderben können. Beispielsweise kann die Definition ***zu weit*** sein und damit eine Vielzahl anderer, für unsere Definition unwesentlicher Dinge beinhalten. Wenn wir einen See als einen großen und von Land umgebenen Wasserkörper definieren, wäre das sicherlich eine zu weite Definition, da sie auch ein Binnenmeer beinhaltet. Ähnlich schlecht ist es, wenn die Definition ***zu eng*** ist, denn dann fallen Dinge heraus, die eigentlich dazugehören müßten. Ein altes Sozialwissenschaftsbuch, das ich besitze, definiert Landwirtschaft als den kommerziellen Anbau von Feldern. Diese Definition ist wiederum zu eng, da sie Milchbauern und Viehzüchter ausschließt.

Eine andere Sache, die man bei Definitionen vermeiden sollte, ist das Verwenden von negativen Ausdrücken. Platons Definition macht diesen Fehler. Sie teilt uns mit, was Menschen nicht sind – sie haben keine Federn – wo wir doch wissen wollen, was sie sind. Obwohl es ungewöhnlich ist Dinge durch das zu definieren, was ihnen fehlt, kann es in manchen Fällen angebracht sein: z.B. bei explizit negativen Begriffen wie ***ungerecht*** oder ***bedeutungslos*** oder bei implizit negativen wie ***flach*** oder ***Junggeselle***.

Eine Definition sollte sich außerdem nicht in den Schwanz beißen. Am offensichtlichsten ist dies der Fall, wenn für die Definition des zu definierenden Begriffs die Idee benutzt wird, die erst definiert werden soll. Wenn ich ***Fairness*** mit ‚***gerecht*** oder ***fair*** im Umgang mit seinen Mitmenschen" definiere, würde sich die Definition in den Schwanz beißen, da ich die Idee der Fairness wieder in der Definition aufgreife. Das gleiche Problem haben wir natürlich, wenn wir zur Definition eines Begriffs die gleichen Wörter verwenden. Wir könnten zum Beispiel ***Geschwister*** als entweder einen Bruder oder eine Schwester definieren, aber wir könnten im Anschluss daran Bruder nicht als ein männliches Geschwisterteil definieren ohne dass sich die Definition im Kreis dreht. Besser wäre es den Bruder als ein männliches Wesen, das dieselben Eltern hat wie ein anderes, zu definieren. Wörterbuchdefinitionen drehen sich mitunter auf diese Weise im Kreis: ***Verunstaltet*** wird mit ***missgebildet*** definiert und ***missgebildet*** mit ***verunstaltet***. Hier ersetzen Synonyme die Definition.

Schließlich sollten bei Definitionen auch vage oder unklare Ausdrücke sowie figurative Sprache vermieden werden. Das Ziel der Definition ist es die Bedeutung eines Ausdrucks zu klären, deshalb sollten auf keinen Fall Begriffe eingeführt werden, die noch unklarer sind als das zu definierende Wort. Metapher und Analogie sind für das Definieren unbrauchbar, da figurative Vergleiche, wo die Dinge „so sind wie …" auf unsicherem Boden stehen. Die Definition zielt aber auf buchstäbliche Identität.

Nachdem wir über die Kennzeichen einer guten Definition nachgedacht haben, sollten wir uns nun den Werkzeugen zuwenden, die Kinder in der Klasse benutzen können um das Definieren zu erlernen.

Definiere

Wir benutzen „Definiere“ um bei Bedarf eine Definition zu erstellen. Zunächst wählen wir einen geeigneten Genus und dann suchen wir nach den entscheidenden Merkmalen, die den Begriff auf das Definierte einschränken. Am Ende überprüfen wir das Ergebnis mit der Kriterienliste für gute Definitionen und machen gegebenenfalls noch Veränderungen.

Statt den Kindern die Begriffe ***genus*** und ***differentia*** beizubringen, arbeiten wir lieber mit zwei sich überlappenden Kreisen, die sie repräsentieren. Der Genus-Kreis heißt „Allgemeine Art“ und der differenzierende Kreis „Besonders Merkmale“. Die Schnittmenge ist dann der Begriff, den wir definieren. Hier ist ein einfaches Beispiel:

Definiere: „Kätzchen“

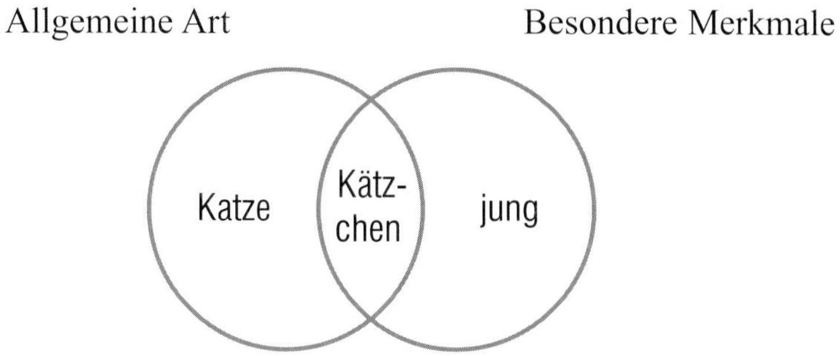

Definition: Ein Kätzchen ist eine Katze, die jung ist.

Beachten Sie, dass die Definition in unserem Beispiel zuerst das Allgemeine nennt, worauf der einschränkende Satz mit dem besonderen Merkmal folgt. Vielleicht wollen Sie nicht, dass die Kinder einen so umständlichen Satz bilden und stattdessen einfach „Ein Kätzchen ist eine junge Katze“ sagen. Ich empfehle Ihnen jedoch das Umständliche zunächst beizubehalten, da es die Struktur der Definition wiedergibt: Genus plus besonderes Merkmal. Anfangs sollten Sie die Kinder bei jeder Gelegenheit auf diese Struktur hinweisen. Später können Sie die Definitionen auch umformulieren.

Geben Sie den Kindern „Definiere“ so lange nicht als individuelle Aufgabe, bis diese den Eindruck machen, dass sie mit diesem Werkzeug wirklich vertraut sind. Die nachfolgend geschilderte Vorgehensweise ist ein bisschen künstlich, wie sie in der Diskussion des Beispiels am Ende dieses Abschnitts sehen werden. Deshalb sollten Sie es besser als Ratgeber und weniger als eine strenge Anweisung auffassen. Im Wesentlichen müssen die Kinder beim Erstellen einer Definition zwei Komponenten koordinieren: das Allgemeine und das besondere Merkmal. Oftmals bedeutet dies, dass sie im Verlauf der Diskussion ihre Meinung über das eine oder das andere ändern.

Vorgehen

1 Nachdem Sie das zu definierende Wort an die Tafel geschrieben haben, wenden Sie sich dem Kreis „Allgemeine Art" zu. Wozu gehört, allgemeiner gesehen, diese Art von Dingen?

Auf diese Frage gibt es eine Vielzahl von Antworten. Nehmen wir z.B. den Begriff „Maus". Eine Maus ist ein Nagetier, ein Wirbeltier, ein Tier, ein Lebewesen usw. Welche Kategorie sollen wir auswählen? Es gibt zwei generelle Regeln:

- (I) Es sollte möglichst eine Kategorie ausgewählt werden, bei der im nächsten Schritt keine lange Liste von Merkmalen nötig ist um die Menge auf den zu definierenden Begriff einzuschränken.
- (II) Wählen Sie eine Kategorie, die Ihren Zielen dient. Ein Bibliothekar würde ein Wörterbuch vermutlich als Nachschlagewerk klassifizieren. In der Grundschule können wir es jedoch einfach Buch nennen.

Geben Sie dem Kreis „Allgemeine Art" einen vorläufigen Namen.

2 Wenden Sie sich nun den besonderen Merkmalen zu. Es geht darum für den zu definierenden Begriff wesentliche Merkmale zu finden, die ihn gleichzeitig von den anderen Dingen dieser Kategorie unterscheiden. Darüber wird normalerweise diskutiert. Tragen Sie diese Merkmale in den dafür vorgesehenen Kreis ein.

3 Überprüfen Sie nun Ihre Definition anhand folgender Kriterien:

- (I) Ist die Definition zu weit? D.h. fällt noch ein anderer Gegenstand ein, der auf diese Definition passt?
- (II) Ist die Definition zu eng? Fällt Ihnen noch ein anderes Beispiel ein, das eigentlich dazugehören müsste, aufgrund der nun aufgestellten Definition allerdings herausfällt?
- (III) Sind die besonderen Merkmale gleichzeitig auch wesentlich?
- (IV) Enthält die Definition negative Elemente? Können diese verhindert werden?
- (V) Haben Sie irgendwelche Wörter verwendet, die nicht eindeutig sind?

Beispiele

1. Definiere: „Stiel"

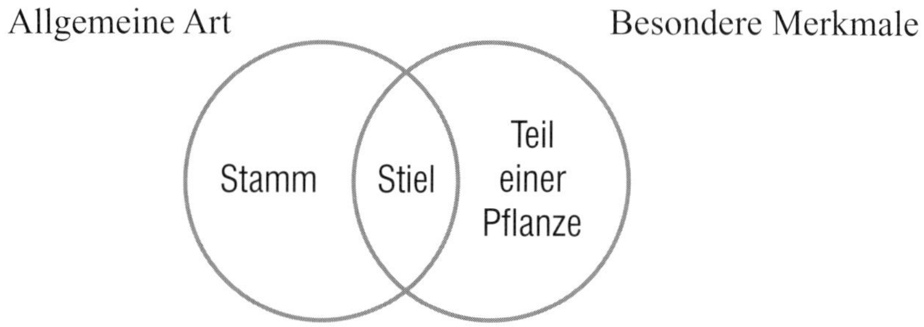

Definition: Ein Stiel ist ein Stamm, der Teil einer Pflanze ist. (Kurzfassung: Ein Stiel ist der Stamm einer Pflanze.)

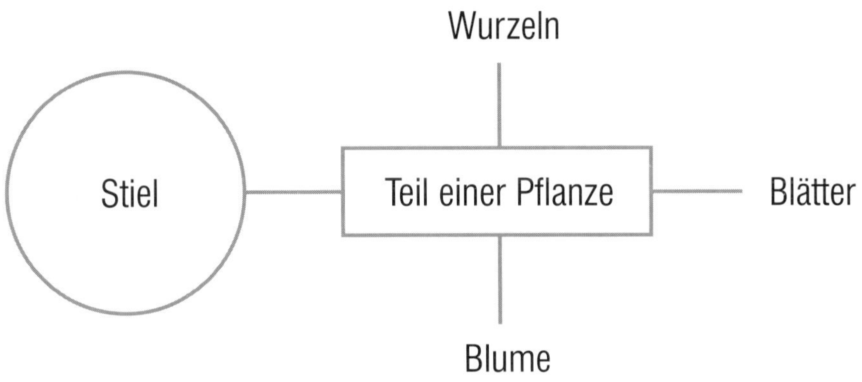

A

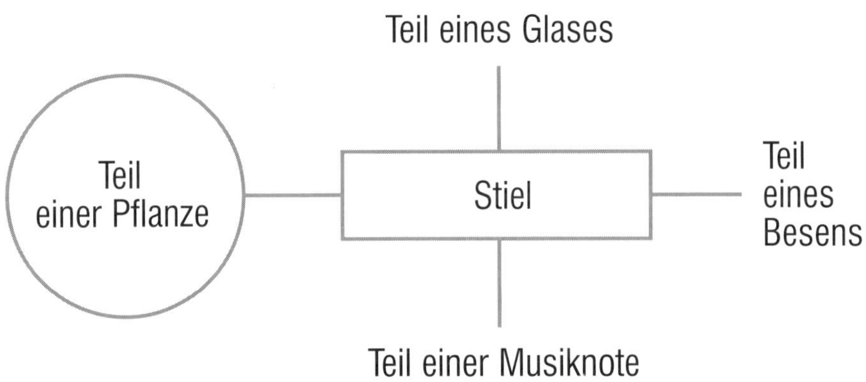

B

Einige Kinder werden der Ansicht sein, dass das Allgemeine hier der Teil einer Pflanze ist und dass das besondere Merkmal der Stamm ist. Hierbei handelt es sich jedoch um einen anderen Blickwinkel, wie man an den Darstellungen unten erkennen kann:
Keiner der hier aufgezeigten Wege zu denken ist falsch. Ob wir den Stiel einer Pflanze als den Teil der Pflanze, der ihr Stamm ist, definieren oder als den Stamm, der Teil einer Pflanze ist, hängt allein vom Kontext ab. Wäre es eher um die Pflanzen gegangen, hätten wir vermutlich A gewählt, weil hier der Kontext näher bestimmt, dass es sich um Pflanzen handelt. Wenn wir vom Stiel ausgegangen wären, hätten wir uns vermutlich für B entschieden. Ich sage dies, weil es wichtig ist sich bewusst zu machen, dass die Art

und Weise, wie wir Dinge definieren, von unseren Interessen abhängig ist. Es ist darüber hinaus auch für die Kinder eine gute begriffliche Übung zu sehen, dass Dinge auch aus einem ganz anderen Blickwinkel gesehen werden können.

2. Definiere: „Löffel"

Allgemeine Art

Besondere Merkmale

Definition: Ein Löffel ist ein Utensil zum Essen, das eine Schale mit Griff hat.

Eine erfahrene sechste Klasse hat die wesentlichen Schritte vorgenommen und hat sich auf diese Definition geeinigt, die nun an der Tafel steht. Folgende Diskussion schließt sich daran an:

Sandra: Diese Definition ist zu eng, da es auch Rührlöffel gibt, mit denen man nicht isst.

Joseph: Ich habe eine Idee, wie wir Sandra helfen können. Wir können sagen, dass ein Löffel etwas ist, womit man Essen bearbeitet.

Lehrer: In welchem Kreis soll ich das ändern, Joseph?

Joseph: In „Allgemeine Art". Wir können es ändern in „etwas, um Essen zu bearbeiten".

Robert: Nein, „Utensil zum Bearbeiten von Essen".

Lehrer: Seid ihr damit einverstanden, Joseph und Sandra? Okay. (Ändert die Beschreibung an der Tafel)

Bethan: Die Defintion ist nun zu weit. Man benutzt einen Kochtopf um Essen zu bearbeiten und er hat eine Schale mit Griff. Er ist aber kein Löffel!

Mira: Dann könnten wir vielleicht sagen, dass ein Löffel eine Schale mit Griff ist, in dem man aber nicht Kochen kann.

Lehrer: Mal sehen. Mira, glaubst du, wir können Bethans Einwand aus der Welt schaffen, wenn wir in den anderen Kreis („Besondere Merkmale“) noch „darin kann man nicht kochen“ dazuschreiben?

Mira: Ja.

Robert: Aber damit sagt Mira nur, was ein Löffel nicht ist. Sie sagt, dass man darin nicht kochen kann.

Lehrer: Dann ist es also negativ. Danke Robert. Habt ihr vielleicht eine andere Idee, wie man Bethans Problem lösen könnte?
(Pause) Kann uns jemand weiterhelfen?

Bernie: Warum können wir nicht das, was Joseph gesagt hat, ändern in: „Ein Ding, mit dem man Essen mischt und isst“?

Robert: Utensil zum Mischen und Essen.

Bernie: Wir könnten das in den Kreis schreiben.

Lehrer: In welchen?

Bernie: Äh! „Allgemeine Art“.
(Der Lehrer ändert den Kreis „Allgemeine Art“ und schreibt „Utensil um Nahrungsmittel zu mischen und zu essen“ hinein.)

Isabel: Ich glaube, die Definition ist nun zu eng. Zum Beispiel eine Schöpfkelle. Eine Schöpfkelle ist auch ein Löffel – ein besonderer Löffel – aber man verwendet ihn weder zum Essen noch zum Mischen von Nahrungsmitteln.

Joseph: Eine Schöpfkelle ist kein Löffel.

Isabel: Doch. Es ist ein Löffel, den man benutzt um Suppen oder Ähnliches zu verteilen.

Lehrer: Was sagen die anderen zu Isabels Einwand?
(Die SchülerInnen sind sich nicht einig. Robert schlägt währenddessen „Schöpfkelle“ im Wörterbuch nach.)

Robert: Hier steht, eine Schöpfkelle ist ein großer Löffel.

Joseph: Ich bin anderer Ansicht!

Beim Fortschreiten der Diskussion stellen die SchülerInnen fest, dass der Begriff „Löffel“ an sich ein bisschen unscharf ist. Schließlich führt Robert das Wort ***befördern*** ein und nach einiger Diskussion über die Bedeutung des Wortes kann sich die Klasse darauf einigen, dass die folgende Definition die beste Definition ist: „Ein Löffel ist ein Utensil, mit dem man Essen mischt oder befördert und das eine Schale mit einem Griff hat".

Klassifikation

Die Klassifikation ist eine andere Möglichkeit, über Genus und differenzierende Merkmale einer Definition nachzudenken. Als Aristoteles die Menschen als vernunftbegabte Lebewesen definierte, teilte er die Lebewesen offensichtlich in zwei Klassen auf – Lebewesen mit Vernunft und Lebewesen ohne Vernunft:

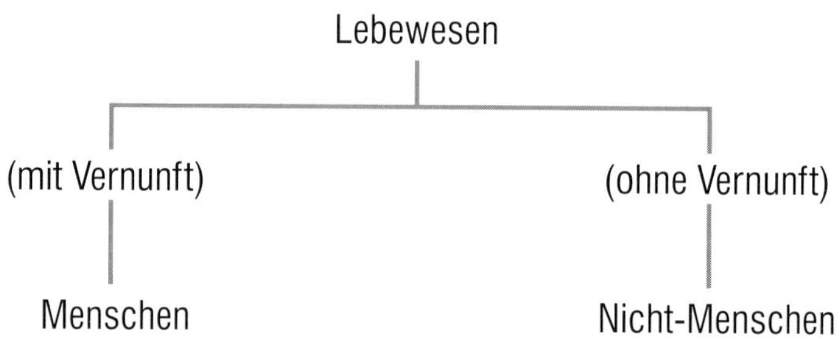

Das ist ein einfaches Beispiel für eine ***dichotome Verzweigung*** (in zwei schneiden), wie die Logiker es nennen. Mit Dichotomien können wir einen Genus in viele verschiedene Arten aufteilen. Wir können z.B. Lebewesen in Lebewesen mit Rückgrat und Lebewesen ohne Rückgrat aufteilen, eine Aufteilung, die sich ziemlich von der des Aristoteles unterscheidet, da sie die biologische Seite der Lebewesen, die wir ***Wirbeltiere*** nennen, herausgreift:

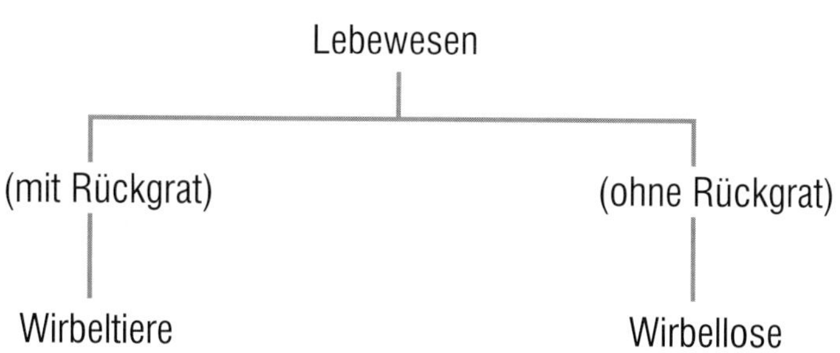

Wir können natürlich das gleiche Verfahren auf unsere Untergruppen anwenden und nach immer weiteren Attributen zur Unterteilung des Genus suchen. Alternativ dazu können wir, je nach unseren Interessen, eine bestimmte Untergruppe immer weiter untersuchen wie im folgenden Fall, wo es um das Schnabeltier geht:

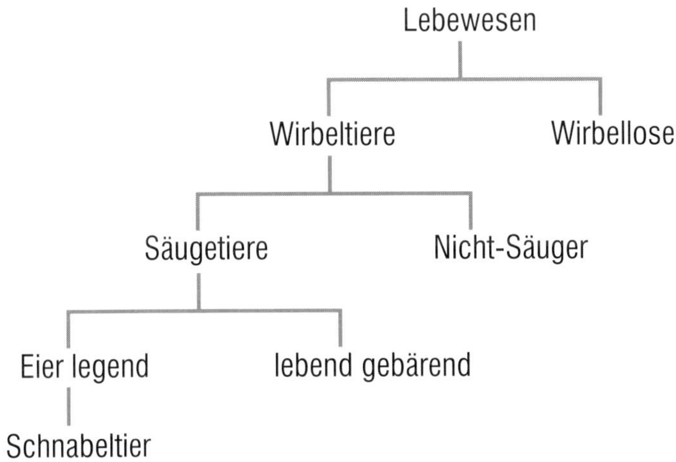

Systematisch durchgeführt ist das eine Möglichkeit ein Klassifikationsschema zu erstellen. In dem teilweise unvollständigen Schema oben sind einige Kategorien negativ – Wirbellose und Nicht-Säuger – und es eignet sich deshalb vermutlich nicht für viele Zwecke (Biologie eingeschlossen). Trotzdem zeigt es deutlich den Prozess des Aufteilens von größeren Gruppen in kleinere. Dieser Prozess ist allen Klassifikationsschemata eigen. Von unten nach oben betrachtet demonstriert es, wie die Klassifikation fortwährend einen Aspekt mit einem anderen, generelleren verbindet. Wenn wir in unserem Beispiel den Weg durch die Unterteilungen zurückverfolgen, könnten wir z.B. die Säugetiere als Wirbeltiere klassifizieren oder das Schnabeltier als ein Eier legendes, säugendes Wirbeltier.

Bei der Arbeit mit Klassifikationen und Definitionen sollten Sie immer daran denken, dass die damit verbundenen Unterteilungen und Verbindungen relativ sind und lediglich unserem Zweck dienen sollen. Beispielsweise teilt man gemeinhin die Schule, wenn man an die verschiedenen Phasen der Erziehung denkt, in Primar- und Sekundarstufe auf. Aber wir teilen sie in staatlich, kirchlich und privat auf, wenn wir an mögliche Träger denken. Genauso würde ein Zoologe einen Tiger als eine gestreifte, vierfüßige Großkatze klassifizieren, ein Umweltschützer würde ihn vermutlich eher unter die vom Aussterben bedrohten Tierarten einteilen. Das sind unterschiedliche Wege einen Tiger je nach Interessenlage zu klassifizieren.

Klassifizierung kann eine schwierige und verwirrende Aufgabe sein, aber sie ist für fast alle menschlichen Aktivitäten grundlegend. Deshalb ist es wichtig ihre Hauptprinzipien verstanden zu haben. Die hier vorgestellten Werkzeuge sollen den Kindern ein elementares Verständnis des kategorischen Denkens vermitteln.

Arme

Mit „Arme“ kann man eine vorgegebene Auswahl von Gegenständen in ein dichotomes Klassifikationsschema einteilen. Ich empfehle „Arme“ als kleine Gruppenarbeit.

Vorgehen

1 Teilen Sie die Klasse in kleine Gruppen auf. Fragen Sie die Gruppe: „Was haben ***alle*** diese Gegenstände gemeinsam?“ Sie sollen ein gemeinsames Merkmal als Hauptqualifikation auswählen, mit dem sie beginnen möchten.

2 Dann müssen sich die Kinder fragen, was das bedeutendste Merkmal ist, das einige Gegenstände aus der Gruppe aufweisen, andere nicht. Sie können dieses Merkmal auswählen um die erste Unterteilung in kleinere Gruppen zu erleichtern.

3 Nun sollen die Kinder nach anderen wichtigen Merkmalen suchen, die ihnen die weitere Unterteilung in kleinere Gruppen erleichtert.

4 Fahren Sie auf diese Weise fort, bis sie alle Unterteilungen vorgenommen haben, die ihnen sinnvoll erscheinen.

Beispiel

Klassifiziere: „Höhle, Bau, Kokon, Panzer“

Dies alles sind Naturphänomene, die Lebewesen Schutz bieten. „Naturphänomene" wäre eine zu große Klasse um damit zu beginnen, deswegen beginnen wir mit dem Merkmal „Schutz für Lebewesen" als Ausgangspunkt.

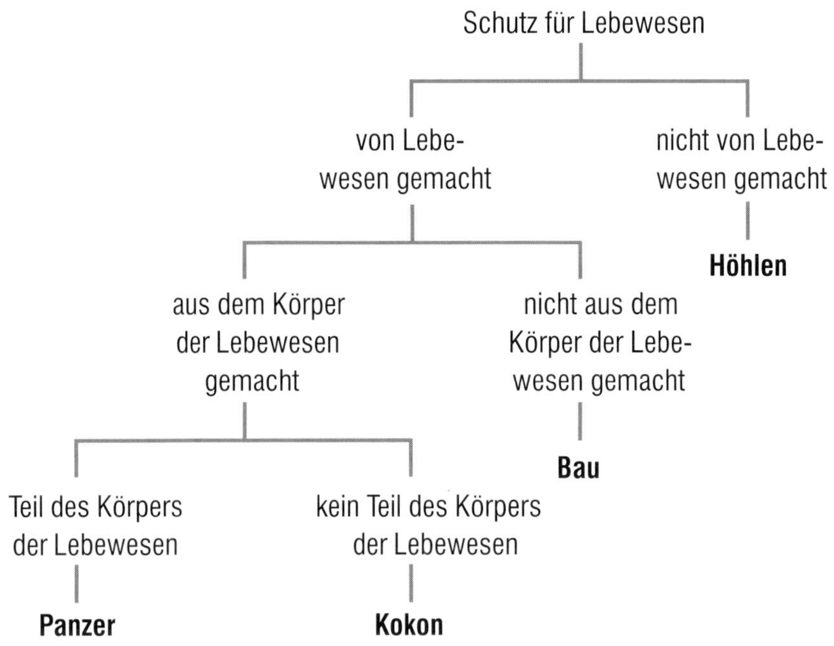

Gruppe und Nicht-Gruppe

Dies ist eine einfachere Version der dichotomen Verzweigung für jüngere Kinder. Sie trägt der Tatsache Rechnung, dass es viele Möglichkeiten gibt Gruppen zu bilden. Diese Übung lässt sich gut in Zweiergruppen mit anschließender Klassendiskussion durchführen.

Vorgehen

1 Legen Sie einige Gegenstände auf ein Tablett oder führen Sie auf irgendeine andere Art eine bestimmte Sammlung von Gegenständen ein.

2 Bitten Sie die Kinder möglichst viele Wege zu finden um die vorhandenen Gegenstände in Gruppen und Nicht-Gruppen zu kategorisieren. Sie

sollten vielleicht dazu sagen, dass eine Gruppe aus mindestens, sagen wir, drei Gegenständen bestehen sollte. Die Kinder sollen eine Liste ihrer Gruppen-Kategorien anfertigen.

Beispiel

Das für Erst- oder Zweitklässler geeignete Beispiel zeigt eine Möglichkeit der Darstellung. Die Dinge, die der Gruppe angehören, wurden abgehakt, die Nicht-Gruppen-Elemente freigelassen. Es kann wie im Beispiel sinnvoll sein, für den Anfang ein Gegensatzpaar vorzugeben.

	Zuhause/kein Zuhause		
Federn			
Bau	✓		
Gras			
Mantel			
Vogel			
Haus	✓		
Fell			
Nest	✓		
Kind			
Samen			
Kaninchen			

Tier, Gemüse oder Mineral?

„Tier, Gemüse oder Mineral"? ist ein Spiel für jüngere Kinder, das dem gleichen Prinzip wie „Arme" folgt. Ein Kind denkt sich einen Begriff aus, der entweder Tier, Gemüse oder Mineral ist – sagt aber nicht, für was es sich entschieden hat. Dann stellen die anderen SchülerInnen der Reihe nach jeweils eine Frage und versuchen den Begriff näher zu bestimmen und letzten Endes zu erraten. Es sind nur Fragen erlaubt, die in Erfahrung bringen, ob der Suchbegriff von einer bestimmten Art ist. Das sind z.B. Fragen wie:

- Ist es ein Tier?
- Wächst es aus Samen?
- Ist es etwas, was man in der Erde findet?
- Könnte es im Zoo leben?
- Ist es ein Affe?

Das Kind, das die Antwort kennt, antwortet nur mit „Ja", „Nein" oder „Vielleicht", bis jemand den Gegenstand erraten hat. Jeder darf zu jedem Zeitpunkt einen Tip abgeben, aber es ist sinnvoll die Regel einzuführen, dass jeder nur ein Mal raten darf.

Baum

Der „Baum" ist ein Werkzeug, mit dem man allgemeine Klassifikationsschemata für einen speziellen Genus erstellen kann. Der Genus könnte z.B. Tiere, Möbel, Kleidung, Gebäude, Spiele oder irgendetwas anderes sein. Solche Schemata sind schwieriger zu erstellen als einfache dichotome Verzweigungen einer gegebenen Menge. Trotzdem gelten die Regeln für die dichotome Verzweigung auch für allgemeine Klassifikationsschemata. Hier sind drei Regeln, die Sie beachten müssen:

1 ***Jede Unterteilung sollte nur ein Merkmal ansprechen.*** Wenn Sie versuchen ein Genus in Gruppen aufzuteilen ohne diese Regel zu beachten, werden sich ihre Klassen wahrscheinlich am Ende überschneiden. Ein Logiker würde sagen, ihre Klassen schließen sich nicht gegenseitig aus. Wenn ich Tiere einteilen wollte in solche, die im Meer leben, und solche, die Luft atmen, würde ich gleichzeitig zwei Kriterien anlegen (Meer als Lebensraum und Luft zum Atmen) und hätte am Ende überschneidende Klassen. Wale würden z.B. beiden Gruppen angehören.

2 ***Jede Unterteilung sollte alle Elemente der geteilten Klasse enthalten.*** Logiker würden sagen, die sich gegenseitig ausschließenden Kategorien einer Unterteilung müssen zusammengenommen umfassend sein,

damit wir nichts verlieren, wenn wir weiter unterteilen. Wenn ich Tiere in „im Meer lebende“ und „Säugetiere“ einteilen würde, wäre diese Aufteilung nicht umfassend. Nicht alle Tiere leben entweder im Meer oder sind Säugetiere. (Die Kategorien dieser Unterteilung schließen sich natürlich darüber hinaus auch nicht gegenseitig aus.)

3 ***Jede weitere Unterteilung sollte die gleiche Art von Merkmal ansprechen wie die ursprünglichen.*** Wenn wir z.B. Tiere nach ihrem Lebensraum einteilen, sollten wir dieses Grundprinzip in allen unseren Unterteilungen beibehalten. Lebewesen, die im Wasser leben, können z.B. in Süß- oder Salzwasser leben und Lebewesen, die in Salzwasser leben, können in seichtem Wasser oder auf dem Meeresgrund leben etc.

Vorgehen

1 Teilen Sie die „Allgemeine Art“ in zwei oder mehrere Gruppen auf. Die Wahl der Gruppen ist den Kindern überlassen, aber vergessen Sie nicht, dass es in der Regel schon wohlbekannte Unterteilungen der Dinge gibt, für die sich die Kinder interessieren. Wenn Sie diese Dinge klassifizieren möchten, die Menschen gemacht haben (wie Gebäude, Möbel oder Kleidung), ist es meist sinnvoll die Dinge ihrer Funktion gemäß einzuteilen – d.h. nach dem Zweck, dem sie dienen. Wenn wir eine Unterteilung vornehmen, sollten wir sicher sein, dass die daraus resultierenden Gruppen auf der Basis der oben genannten Prinzipien zwei Regeln beachten:

◆ (I) ***Sie sollten nichts auslassen.*** Alle Elemente aus der „Allgemeinen Art“, unserer Ursprungsauswahl von Gegenständen, müssen bei der Teilung einer der Gruppen angehören. ◆

◆ (II) ***Sie sollten sich nicht überschneiden.*** Kein Element aus der zu teilenden Ursprungsauswahl gehört in mehr als eine Gruppe. ◆

2 Teilen sie alle Gruppen in kleinere Gruppen auf, solange es sinnvoll ist. Dabei sollten die Kinder darauf achten, dass sie bei jeder weiteren Unterteilung dasselbe Merkmal ansprechen wie zuvor. Wenn sie z.B. damit

beginnen die Dinge nach ihrer Form einzuteilen, sollten sie dieses Prinzip auch bei allen weiteren Unterteilungen beibehalten. Wenn sie die Dinge nach ihrer Verwendung aufteilen, sollten sie auch danach nach ihrer Verwendung aufgeteilt werden. Auch hier müssen zwei Grundregeln beachtet werden: Versuchen Sie nichts auszulassen und versuchen Sie eine Überschneidung zwischen den Gruppen zu vermeiden.

Beispiel

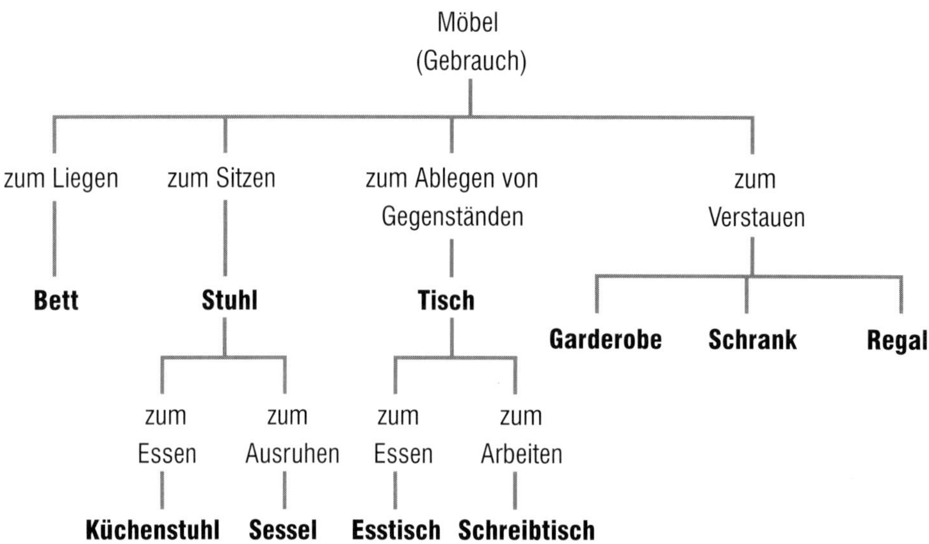

Sie haben sicher schon bemerkt, dass bei diesem Versuch Möbel zu klassifizieren, die Kategorien nicht umfassend sind. Einige Möbelstücke – wie Sofas, Hocker oder Couchtisch – fehlen ganz. Auch schließen sich die Gruppen nicht gegenseitig aus. Ein Sofa kann beispielsweise verwendet werden um darauf zu sitzen oder zu liegen. Wie ich bereits sagte: Allgemeine Klassifikationsschemata sind mitunter sehr schwierig herzustellen. Der erzieherische Nutzen liegt jedoch schon im Versuch und deshalb verdient auch ein Teilerfolg Ihr volles Lob.

Gruppen

„Gruppe" ist eine einfachere Übung, bei der die Kinder selbst ein Klassifikationsschema erstellen sollen. Sie verbindet Arbeit in Zweiergruppen und Diskussion im Plenum der Klasse.

Vorgehen

1 Suchen Sie sich zunächst eine Gruppe aus, die klassifiziert werden soll. Sie können den Kindern tatsächliche Gegenstände, eine Liste von Dingen oder Abbildungen vorlegen.

2 Teilen Sie die Klasse in Pärchen auf und lassen sie jede Zweiergruppe diskutieren wie die Elemente der Gruppe geordnet werden sollen.

3 Lassen Sie die Klasse danach über die Unterschiede der Aufteilung diskutieren.

Es gibt eine Vielzahl von Möglichkeiten dieses einfache Verfahren durchzuführen. Das folgende Beispiel, in dem Bilder ausgeschnitten und gruppiert werden können, ist für Kinder konzipiert, die gerade eingeschult wurden.

Beispiel

Teilen Sie die Klasse in Zweiergruppen auf und geben Sie jedem Paar eine Kopie der Seite 119. Lassen Sie jede Gruppe überlegen, wie die abgebildeten Tiere klassifiziert werden können. Die Kinder können die Bilder ausschneiden und ihre Ideen ausprobieren, bevor sie die Bilder auf ein Blatt Papier kleben.

Lassen Sie die Klasse im Anschluss daran die Unterschiede bei der Aufteilung diskutieren.

Hiermit ist unser Ausflug in die Untersuchung von Begriffen, Definitionen und Klassifizierungen beendet. Ich habe mich bemüht eine große Anzahl von Werkzeugen für ältere und jüngere Kinder vorzustellen. Diese Werkzeuge sind in der Regel vielseitig verwendbar und eignen sich auch für kleine Gruppen, wenn die Kinder mit ihnen vertraut sind. Wenn Ihre SchülerInnen Ideen erforschen, werden Sie auf der Basis dieser Werkzeuge des begrifflichen Denkens zahlreiche Gelegenheiten für eine Klassendiskussion haben.

Anmerkungen

[27] „Zielscheibe“ stammt aus Matthew Lipman & Ann Margaret Sharp: *Wondering at the World*. Lanham, Md.: University Press of America 1986.

[28] Die Anregung für „Verrückter Fall“ verdanke ich John Wilson, der dieses Phänomen in seinem Buch *Thinking with Concepts* „Widersprüchliche Fälle“ nennt.
Cambridge: Cambridge University Press 1963.

[29] Die Idee für „Brücke“ kam mir, als ich in einer Philosophiestunde von Beverly Peters an der Northbridge Primary School in Sydney hospitierte. Die Kinder aus dieser Klasse sind auf dem Photo zu sehen.

[30] Das Beispiel erscheint auch in leicht abgeänderter Form in:
Philip Cam. *Thinking Stories 2 – Teacher Resource/Activity Book.*
Sydney: Hale & Iremonger 1994, S. 48-49.
(Das Buch wird in deutscher Übersetzung im Frühjahr 1997 unter dem Titel „Können Augen sehen?“ – Arbeitsmappe im Verlag an der Ruhr, Mülheim, erscheinen.)

KAPITEL 7

Werkzeuge des logischen Denkens

Wenn wir über eine Behauptung nachdenken, weil wir uns nicht sicher sind, welche Auswirkungen sie hat bzw. ob sie überhaupt richtig ist, stellen wir uns Fragen wie „Impliziert die Behauptung Dinge, von denen wir wissen, dass sie nicht richtig sind? Geht sie von etwas aus, das Dingen widerspricht, die als erwiesen gelten? Setzt sie sich über Dinge hinweg, von denen man vernünftigerweise ausgehen müßte? Können wir uns plausiblere Möglichkeiten vorstellen?" Solche Überlegungen führen zum logischen Denken.

Die philosophische Diskussion in der Klasse beschäftigt sich naturgemäß mit unsicheren Behauptungen, vergleicht verschiedene Möglichkeiten und Vermutungen und lädt uns somit zum logischen Denken ein. Da beim logischen Denken Gedanken aufeinander aufbauen, die nach Lösung streben, werden Sie bei Diskussionen häufig Formulierungen hören wie:

- Da ________ , folgt _________ .
- Wir wissen, dass _______ und deshalb _______ .
- Wenn ________ , dann _________ .

Formulierungen wie diese deuten darauf hin, dass Kinder logisch denken. Sie werden auch feststellen, dass Kinder bestimmte kurze Wörter, die eine besondere logische Bedeutung haben, immer wieder verwenden – Wörter wie ***einige, alle, keine, nicht, und, aber, außer, oder*** und ***nur***. Solche Wörter weisen auf die logische Form einer Äußerung unabhängig vom Inhalt oder dem behandelten Thema hin. Dieses Kapitel untersucht einige dieser Wörter und Konstruktionen und führt lohnende Wege des logischen Denkens vor.

Hypothetisches Denken

Wenn wir etwas untersuchen, müssen wir in unserem Denken in der Regel von dem ausgehen, was unserer Ansicht nach passiert ist oder was wir für wahr halten und uns allmählich dem nähern, was wir zeigen wollen. Wir argumentieren folgendermaßen: Wenn dieses der Fall ist, muss jenes so sein (oder ist höchstwahrscheinlich so). Im Verlauf der Untersuchung finden wir auch heraus, welche Konsequenzen eine andere Möglichkeit ***hat*** bzw. ***haben könnte***. Dies muss so sein, weil wir herausfinden möchten, ob diese Möglichkeit es wert ist weiter verfolgt zu werden. Oder aber, weil wir nach einem Beweis suchen, dass diese Möglichkeit bereits verwirklicht wurde, oder weil wir generell daran interessiert sind Verbindungen zwischen dieser Möglichkeit und anderen herzustellen. Unabhängig von unserem Ziel denken wir in diesen Fällen hypothetisch.

Hypothetische Fragen

Die Fragen, die am offensichtlichsten zum hypothetischen Denken einladen, sind jene Fragen, die selbst hypothetisch sind. Wie Sie sicher wissen, lehnen Menschen mitunter Fragen mit der Begründung ab, sie seien „rein hypothetisch". Aber jeder, der einmal gesehen hat, wie ein Politker aus diesem Grund einer Frage ausweicht, weiß, dass hypothetische Fragen von außerordentlicher Bedeutung sind. Hier sind einige Fragen, die hypothetisches Denken nach sich ziehen:

◆ - Wenn das passierte, welche Konsequenzen hätte es? ◆
◆ - Was würde (oder könnte) passieren, wenn wir so handelten? ◆
◆ - Wenn das passiert wäre, was hätte es bewiesen? ◆

Diese Fragen sind von so großer Bedeutung, dass wir alles tun sollten um die Kinder zu ermutigen diese Fragen ganz selbstverständlich zu stellen.

Hypothetisches Denken in der Klasse einführen

Eine sehr einfache Übung zum hypothetischen Denken ist die Kinder zu fragen, was passieren würde, wenn dieses oder jenes einträte. Sie können zum Beispiel jüngeren Kindern ein Bild zeigen, auf dem sich eine Gefahr ankündigt. Sie können fragen, was würde passieren, wenn der Mann von der Leiter fiele … und was dann und so weiter.[31] Sie können die Kinder auch die „Was ist, wenn dieses oder jenes passiert?"– Fragen stellen lassen und die Kinder bitten sich möglichst schrullige Beispiele auszudenken. Das kann sehr lustig sein. Was passiert, wenn sich ein Stück Brot in ein Stück Boot verwandelt? Oder, wenn sich ein hart gekochtes Ei in ein hart gekochtes Geweih verwandelt? Die Kinder können sich dann überlegen, wie es weitergehen könnte.[32] Das sind gute Methoden um das Thema des hypothetischen Denkens in der Klasse einzuführen.

Planen, Voraussagen, Erklären

Ich möchte nun das Augenmerk auf ein Grundmuster der Argumentation legen, das hypothetisches Denken beinhaltet.[33] Obwohl es im ersten Augenblick ein wenig trivial erscheinen mag, spielt es in der philosophischen Diskussion eine wichtige Rolle. Hier ist ein logischer Gedanke, der dieses Muster aufweist:

◆ 1 Wenn ich einen Weg finde Mrs. Silver davon zu überzeugen, dass ich ihre Schildkröte zum Wachsen bringe, dann werde ich ihre Zuneigung gewinnen. ◆

◆ 2 Ich finde einen Weg Mrs. Silver davon zu überzeugen, dass ich ihre Schildkröte zum Wachsen bringe. ◆

◆ **Daraus folgt:** ◆
Ich werde ihre Zuneigung gewinnen.

Das ist eine Möglichkeit Mr. Hoppys logisches Denken auf den ersten Seiten von Roald Dahls ***Esio Trot*** nachzuzeichnen.[34] Mr. Hoppy schmiedet einen Plan. Er hat ein Ziel im Kopf (Mrs. Silvers Zuneigung zu gewinnen) und denkt sich Mittel aus um zu diesem Ziel zu gelangen – wie z.B. das Ziel Mrs. Silver davon zu überzeugen, dass er ihre Schildkröte wachsen lassen kann. Bis jetzt ist Mr. Hoppys Denken rein hypothetisch: „Wenn ich dieses oder jenes tue", denkt er, „werde ich dieses oder jenes erreichen." Aber wenn wir uns Mr. Hoppys Denken noch einmal vollständig ansehen, werden wir feststellen, dass sein Denken ein bestimmtes Muster hat:

◆ Nennen wir das A →	1	Wenn ich einen Weg finde Mrs. Silver davon zu überzeugen, dass ich ihre Schildkröte zum Wachsen bringe, dann werde ich ihre Zuneigung gewinnen. ← Nennen wir das B ◆
◆	2	Ich habe einen Weg gefunden Mrs. Silver davon zu überzeugen, dass ich ihre Schildkröte zum Wachsen bringe. ← Hier ist wieder A ◆
◆ **Daraus folgt:**		Ich werde ihre Zuneigung gewinnen. ← Hier ist wieder B ◆

Mr. Hoppys Denken lässt sich im Ganzen gesehen folgendermaßen zusammenfassen:

◆	1	Wenn A dann B ◆
◆	2	A ◆
◆	Daraus folgt:	B ◆

Es ist eine logische Denkfolge, in der zunächst eine ***hypothetische Aussage*** (die Aussage in der Form „Wenn A dann B") gemacht wird, gefolgt von dem, was man als ***Antezedens*** der Behauptung bezeichnet (der Teil, der unmittelbar auf den „wenn"-Teil folgt). Dann wird die ***Konsequenz*** (der Teil, der dem „dann"-Teil folgt) aus den beiden hypothetischen Aussagen gezogen.

Diese Form des logischen Denkens ist trotz ihrer Einfachheit extrem wichtig. Abgesehen von der Rolle, die sie beim Vorhersagen und Planen spielt – eine kleine Kostprobe haben wir schon erhalten – ist sie auch beim ***Erklären*** von Dingen in den unterschiedlichsten Bereichen hilfreich. Sie entspricht sogar dem Grundmuster der naturwissenschaftlichen Beweisführung, die man leicht in den Mathematik- oder Sachkunde-Unterricht in der Grundschule integrieren kann. Wenn Sie diese Verbindung herstellen, erleichtern Sie den Kindern die Logik des naturwissenschaftlichen Beweises zu erkennen und lenken die Aufmerksamkeit auf das erklärende Element der Hypothese in der Naturwissenschaft.

Ein Beispiel wird verdeutlichen, was ich meine:

Lehrer: Warum wird die kleine Raupe Nimmersatt so dick und fett?

Adrian: Weil sie nichts anderes tat als essen.

Susan: Ja, wenn man die ganze Zeit isst, dann wird man dick und fett.

Hier ist nochmals die Erklärung der Kinder. Dieses Mal wird sie unserem Schema entsprechend dargestellt:

◆ 1 Wenn du die ganze Zeit isst, dann wirst du dick und fett. ◆

◆ 2 Die kleine Raupe Nimmersatt hat die ganze Zeit gegessen. ◆

◆ **Daraus folgt:** ◆
Die kleine Raupe Nimmersatt wurde dick und fett.

Beachten Sie, dass die Konsequenz unmöglich falsch sein kann, wenn 1 und 2 richtig sind. Wenn sie stimmen, muss auch die Konsequenz stimmen. Die Konsequenz ***folgt aus den Prämissen*** – oder wie Logiker sagen, sie kann von ihnen ***abgeleitet*** werden.

Das ist genau die Logik der naturwissenschaftlichen Gesetze. Zum Vergleich ist hier ein Beispiel, das Newtons zweites Gesetz der Bewegung umfasst. Seien Sie nicht beunruhigt, wenn Sie die Gleichung oder die Maßeinheiten nicht kennen. Beachten Sie nur, dass es mit einer generellen, hypothetischen Aussage beginnt (Newtons zweites Gesetz), darauf folgt eine

Aussage, die die Bedingung auf der Basis der ersten Aussage festlegt. Am Ende steht die aus den Prämissen abgeleitete Konsequenz:

- 1 Wenn eine Kraft F auf einen Gegenstand der Masse m trifft, dann wird der Gegenstand gemäß F = ma beschleunigt, wobei a für Beschleunigung steht. (Newtons zweites Gesetz)
- 2 Eine Kraft von 50 Newton trifft auf einen Gegenstand der Masse 10 kg.
- **Daraus folgt:**
  Der Gegenstand beschleunigt mit 5 m/s^2.

Die Art des logischen Denkens ist dieselbe wie bei der kleinen Raupe Nimmersatt. Die Prämisse der Kinder „Wenn du die ganze Zeit isst, wirst du dick und fett“ ist vielleicht kein naturwissenschaftliches Gesetz, aber ein großer Schritt in diese Richtung für eine Person in Susans Alter. Zusammen mit Adrians Beobachtung erklärt Susans „Gesetz“ den Vorfall auf genau die gleiche Weise wie ein naturwissenschaftliches Gesetz. Wenn Sie von daher die Kinder mit dieser Form des logischen Denkens vertraut machen und sie über die Logik dieser Gesetze nachdenken lassen, haben Sie sie an das naturwissenschaftliche Denken herangeführt.

Von der Notwendigkeit explizit zu sein

Lassen Sie mich an dieser Stelle etwas über die Notwendigkeit, Verallgemeinerungen explizit zu machen, sagen. Wenn Kinder einen Vorfall erklären, ihr Verhalten rechtfertigen oder den Wert einer Sache beurteilen, sprechen sie meist nicht die generelle Hypothese, die der Behauptung zugrunde liegt, klar aus. Natürlich machen wir das alle. Wenn Sie mich fragen, warum die Pflanze in meinem Büro fast eingegangen ist, würde ich antworten, weil ich vergessen habe sie zu gießen. Es wäre unnötig hinzuzufügen, dass wenn man eine Pflanze nicht gießt, diese höchstwahrscheinlich eingeht. Ich kann davon ausgehen, dass Sie über dieses elementare Wissen verfügen und es anwenden. Wenn wir allerdings in ein problematischeres oder weniger vertrautes Gebiet vorstoßen, müssen die zugrunde liegenden Aussagen explizit gemacht und genauestens überprüft werden.

Die führende Hypothese explizit zu machen ist ein normaler Vorgang bei der philosophischen Untersuchung. Wir unterwerfen unsere Thesen der Vernunft und überprüfen sie wie in der Naturwissenschaft anhand von Experimenten. Sehen Sie sich dieses Beispiel an:

Karen: Mrs. Silver muss nichts für Mr. Hoppy tun, wenn sie es nicht möchte.

Justin: Doch, sie muss.

Jesse: Warum, Justin?

Justin: Weil er ihr geholfen hat ihre Schildkröte zum Wachsen zu bringen.

Jesse: Ja und?

Justin: Deshalb ist sie ihm etwas schuldig. Stimmt's?

Karen: Justin, du musst nicht etwas für jemanden tun, nur weil er etwas für dich getan hat.

Justin: Doch, Karen! Wenn jemand etwas für dich tut, dann musst du etwas für ihn tun.

Am Ende macht Justin das von ihm vertretene Prinzip der Gegenseitigkeit explizit. An dieser Stelle könnte der Lehrer oder die Lehrerin die Aufmerksamkeit der Kinder auf dieses Prinzip lenken und die anderen nach ihrer Meinung dazu fragen. Sie sollten sie um Beispiele bitten, die ihre Ansicht verdeutlichen oder andere Gründe für ihre Meinung nennen. Aber die Dinge gehen natürlich nicht immer so glatt. Kinder, die keine Erfahrung mit der philosophischen Untersuchung haben, werden oft wie Justin ein anfechtbares Prinzip vertreten, ohne es überhaupt explizit zu machen. In diesem Fall muß der Lehrer es dem Kind allmählich entlocken.

Hypothetische Aussagen überprüfen

Das führt uns zu dem wichtigen Thema des Überprüfens hypothetischer Aussagen. Wieder gibt es Verbindungen mit dem logischen Denken der Naturwissenschaften und allein aus diesem Grund sollten wir den Aspekt nicht unberücksichtigt lassen. Mit Hilfe von Experimenten unterziehen wir unsere Hypothesen einem Test, indem wir die ursprüngliche und die darauf aufbauende Bedingung (der „wenn“-Teil) kontrollieren und dann überprüfen, ob die vorausgesagten Konsequenzen daraus folgern (in Übereinstimmung mit dem „dann“-Teil). Wenn sie nicht zusammenpassen, war die Hypothese falsch (es sei denn, wir haben die anfängliche Bedingung nicht ordentlich überprüft).

Es gibt eine direkte Verbindung zwischen der Logik der Erklärung und der Logik des Voraussagens durch den Test. Ich habe vorhin die Voraussage von Mr Hoppy erwähnt, aber lassen Sie uns nochmals auf Adrians und Susans Erklärung der Frage, warum die kleine Raupe Nimmersatt dick und fett wurde, zu sprechen kommen, da dieser Fall der Naturwissenschaft näher liegt:

◆ 1 Wenn man die ganze Zeit isst, wird man dick und fett. ◆
◆ 2 Die kleine Raupe Nimmersatt aß die ganze Zeit. ◆
◆ **Daraus folgt**: ◆
Die kleine Raupe Nimmersatt wurde dick und fett.

Nehmen wir einmal an, dass Susan und Adrian statt der Erklärung der Frage, wie die Raupe dick und fett wurde, nur den ersten Teil der Geschichte gekannt und vorausgesagt hätten, dass sie dick und fett würde. Sie würden die gleiche Form des logischen Denkens anwenden, nur würden sie sich um das Ergebnis vorauszusagen, mehr auf die Verallgemeinerung und ihre Beobachtung zum Verhalten der Raupe stützen:

◆ 1 Wenn man die ganze Zeit isst, wird man dick und fett. ◆
◆ 2 Die Raupe Nimmersatt isst die ganze Zeit. ◆
◆ **Daraus folgt:** ◆
Die kleine Raupe Nimmersatt wird dick und fett.

Da das Voraussagen ein wichtiges Element des Überprüfens ist, hat man – einmal vertraut mit dieser Form des logischen Denkens – einen wichtigen Teil der Logik des Überprüfens gelernt. In diesem Fall würde die Voraussage der Kinder durch das Ende der Geschichte bestätigt und Susans Hypothese würde den „Test“ bestehen. In den Naturwissenschaften wäre dieser Test natürlich ein Experiment. Trotzdem erschließt man sich mit diesem

Denken einen ***wesentlichen*** Bereich des wissenschaftlichen Denkens und damit sollte bereits in den ersten Schuljahren begonnen werden.

In der philosophischen Untersuchung können wir auch unsere führenden Hypothesen überprüfen. Eine weitverbreitete Form des Überprüfens ist das Suchen nach Beispielen, die die Hypothesen widerlegen. Wir denken uns einen (realen oder imaginären) Fall aus, der das Antezedens erfüllt, aber der Konsequenz zuwiderläuft. Wenn die Hypothese richtig ist, gibt es kein solches Beispiel. Wenn wir ein Beispiel finden, stimmt die Hypothese nicht! Solche Beispiele heißen Gegenbeispiele und spielen in der philosophischen Untersuchung die gleiche Rolle wie der Gegenbeweis in der naturwissenschaftlichen Untersuchung. Obwohl das Beispiel eher naturwissenschaftlich als philosophisch ist, hätte Adrian ein Gegenbeispiel zu Susans Hypothese – dass, wenn man die ganze Zeit isst, man immer dicker und fetter wird – anführen können. Er hätte zum Beispiel sagen können, dass seine Schwester eine erfolgreiche Schwimmerin ist, die die ganze Zeit isst ohne dick und fett zu werden. (Nebenbei bemerkt: was meint Adrian mit „die ganze Zeit"?) Philosophischer ist hingegen Justins Hypothese – dass, wenn jemand etwas für dich tut, du etwas für ihn tun musst – für die als ein Gegenbeispiel ein Priester angeführt werden könnte, der die Beichte abnimmt. Der Priester tut etwas für den Mann. Aber ist der Mann gleichzeitig verpflichtet etwas für den Priester zu tun? Wenn nicht, dann wäre Justins Prinzip unhaltbar.

Das Antezedens überprüfen

Wir können auch hypothetische Äußerungen verwenden um zu überprüfen, ob die Antezedentien (oder „wenn"-Teile) wahr sind. Betrachten wir das logische Denken der spöttischen Prinzessin im folgenden Gesprächsfetzen:

Prinzessin: Du bist kein Prinz. Du bist bloß eine häßliche, alte Kröte.

Kröte: Aber ich bin ein Prinz, ich habe es dir doch schon gesagt.

Prinzessin: Wenn du ein Prinz bist, dann bin ich … eine gebratene Ente!

Die Kröte ist natürlich ein Prinz und von daher ist die letzte Bemerkung der Prinzessin ziemlich unklug. Das Ziel ihrer Bemerkung ist die Absurdität der Behauptung der Kröte, ein Prinz zu sein, herauszustellen. Die Logik, die hinter dieser Bemerkung steht, sieht folgendermaßen aus:

- 1 Wenn du ein Prinz bist, bin ich eine gebratene Ente.
- 2 (Augenscheinlich) bin ich keine gebratene Ente.
- **Daraus folgt:**

  Du bist kein Prinz.

Auch hier können wir den Inhalt weglassen um seine Form zu verdeutlichen und erhalten am Ende:

- 1 Wenn A dann B.
- 2 B trifft nicht zu.
- **Daraus folgt:**

  A trifft nicht zu.

Hier wird hypothetisches Denken benutzt um das Antezedens zu widerlegen. Der Gedankengang ist folgender: Wenn (hypothetisch gesprochen) ***dieser*** Fall zutrifft, dann muss auch ***jener*** zutreffen. Da sich aber ***dieser*** Fall als falsch heraustellt, muss auch ***jener*** falsch sein.

Das Problem bei der Argumentation der Prinzessin ist, dass – obwohl ihr Gedankengang logisch richtig ist – ihre zweite Prämisse nicht so eindeutig falsch ist, wie sie meint. Wir müssen uns von daher der von uns aufgestellten Prämissen ganz sicher sein, bevor wir sie benutzen können um die Wahrheit aus unserer Schlussfolgerung abzuleiten.

Hiermit endet unser kurzer Streifzug durch die Grundzüge der Logik, die das Planen, Vorhersagen, Erklären und Überprüfen von Hypothesen umfasst. Das alles sind große Themen, aber ich hoffe, es ist mir gelungen Ihre Aufmerksamkeit für sie geweckt und eine Ahnung ihrer Bedeutung vermittelt zu haben. Obwohl der größte Teil dieser Logik zu unserem alltäglichen Verhalten gehört, reflektieren wir selten diese automatischen Prozesse. Aber diese Prozesse verlangen unsere Aufmerksamkeit, da die Kinder sie in vielen Bereichen des Lernens anwenden müssen.

Induktives Denken

Die folgenden drei Behauptungen haben etwas Wesentliches gemein:

George: In meiner Klasse sind drei vietnamesische Kinder. Keines von ihnen kann richtig Englisch sprechen. Ich möchte wetten, es gibt in der ganzen Schule kein einziges vietnamesisches Kind, das richtig Englisch sprechen kann.

Patricia: In der Mittagspause sah ich Miss Cooper zusammen mit Mr. Wilson in ein Auto steigen und wegfahren. Ich glaube, sie sind ineinander verliebt.

Leslie: In unserer Klasse gibt es einen fetten Jungen. Mein Gott, ist der faul! Das ist so typisch!

George scheint Vorurteile gegen die vietnamesischen Kinder in seiner Schule zu haben. Patricia glaubt, dass ein Mann und eine Frau, die zusammen im Auto wegfahren, „ineinander verliebt" seien. Leslie benutzt ein Stereotyp um einen Klassenkameraden schlecht zu machen. Was haben also diese drei Aussagen gemein? Sie äußern alle ungerechtfertigte Verallgemeinerungen.

Wir bekommen mitunter gesagt, wir sollen nicht verallgemeinern. Das bedeutet wohl, wir sollen nicht verallgemeinern ***ohne die existierenden Unterschiede zu respektieren***. Denn wir verallgemeinern, wann immer wir aus Erfahrung lernen und niemand würde von uns verlangen nicht aus Erfahrungen zu lernen. Wenn wir nicht verallgemeinern würden, könnten wir nicht glauben, dass morgen die Sonne aufgeht oder dass das nächste Kind, das in die Klasse kommt, nicht zwei Köpfe hat. Das Verallgemeinern ist lebenswichtig (und bis zu einem gewissen Grad auch unvermeidlich). Statt Verallgemeinerungen zu vermeiden, sollten wir uns vor Schlussfolgerungen in Acht nehmen, die auf unzuverlässigen Beispielen beruhen. Wir müssen offen sein für den Gegenbeweis und immer darüber nachdenken, ob der von uns hergestellte Vergleich auch im Licht anderer Beispiele, die wir kennen, plausibel bleibt.

Wir können auch mehr oder weniger dogmatisch an unseren Verallgemeinerungen festhalten. Je dogmatischer wir sind, desto weniger sind wir bereit Beweise zu akzeptieren, die nicht in unsere Vorstellungen passen, desto weniger sind wir auch bereit darüber nachzudenken, ob unsere lieb gewonnenen Ansichten mit dem übereinstimmen oder das bestätigen, was wir beobachten konnten oder uns erzählt wurde. Ob wir mit dem Verallgemeinern richtig umgehen, ist deshalb vor allem eine Frage der Einstellung. Die Bereitschaft Beweise – die dafür oder dagegen sprechen – zu berücksichtigen und die Verallgemeinerung eher als ***Arbeitshypothese*** denn als unfehlbare Wahrheit zu betrachten ist ein wichtiger Teil der Intelligenz wie wir sie verstehen.

Am besten nimmt man sich möglichst früh dieses Themas an, da die Möglichkeiten gute Gewohnheiten zu entwickeln, dann noch sehr groß sind. Ein Teil der ausgewogenen pädagogischen Vorgehensweise, die ich hier empfehle, ist deshalb die Kinder gemeinsam induktiv über solche Themen nachdenken zu lassen, die etwas mit ihren Problemen und Erfahrungen zu tun haben. Durch das gemeinsame logische Denken lernen sie vernünftig und nach hohen Grundsätzen zu verallgemeinern.

Die logische Form der Verallgemeinerungen

Die drei Grundkategorien der Verallgemeinerung sind ***immer, niemals*** und ***gewöhnlich***. Wenn Menschen verallgemeinern, machen sie sich oft nicht klar, ob ihre Behauptung universell zu verstehen ist – so, dass es auf alles in der erstellten Klasse zutrifft – oder ob sie gewöhnlich oder im Allgemeinen zutrifft. Wenn jemand sagt, dass Politiker unehrlich sind, meint er vielleicht, dass sie im Allgemeinen unehrlich sind oder dazu neigen oder dass sie unehrlicher sind als die meisten anderen Personengruppen oder dass alle Politiker unehrlich sind. Genauso würde jemand, der behauptet, dass Männer frauenfeindlich sind, entweder meinen, alle Männer sind frauenfeindlich oder sie sind im Allgemeinen frauenfeindlich oder dass eine große Anzahl von Männern tendenziell frauenfeindlich ist. Deshalb sollten wir zuerst bei der Einschätzung einer Verallgemeinerung klären, wie diese zu verstehen ist. Meint die Person alle oder immer oder meint sie fast immer, im Allgemeinen oder tendenziell?

Universelle Verallgemeinerungen sind die des „alle" oder „kein"-Typs und ihre häufigste Form ist entweder „Alle A sind B" oder „Kein A ist B". Hier sind einige Beispielsätze. Die logische Standardform steht kursiv darunter:

- Kinder mit schmutzigen Pulten haben immer eine unsaubere Handschrift.
  Alle Kinder mit schmutzigen Pulten haben eine unsaubere Handschrift.
- Jeder, der noch mehr Eiscreme möchte, ist ein Fress-Sack.
  Alle Personen, die noch mehr Eiscreme möchten, sind Fress-Säcke.
- Löwen sind Raubkatzen.
  Alle Löwen sind Raubkatzen.
- Keiner der Jungen in Mr. Bruntons Klasse hat seine Hausaufgaben gemacht.
  Kein Junge in Mr. Bruntons Klasse hat seine Hausaufgaben gemacht.
- Niemand in der Klasse weiß die Antwort.
  Kein Mitglied der Klasse weiß die Antwort.
- Schmeißfliegen sind nicht schön.
  Keine Schmeißfliege ist schön.

Wie wir im vorangegangenen Abschnitt sehen konnten, leiten Sätze der Form „Wenn ______ dann ______“ häufig eine Verallgemeinerung ein. Deshalb ist zu beachten, dass eine Aussage dieser Form auch in die Form „Alle ______ sind ______“ gebracht werden kann. Wir hätten auch – um ein Beispiel von oben aufzugreifen – einfach sagen können, „Wenn Kinder schmutzige Pulte haben, dann haben sie auch eine unsaubere Handschrift“ oder „Wenn jemand mehr Eiscreme will, dann ist er ein Fress-Sack“. Diese Aussagen behaupten dasselbe wie ihre nicht-hypothetischen Partner und können genauso umformuliert werden „Alle ______ sind ______“.

Obwohl es in den meisten Fällen nicht notwendig ist die Verallgemeinerung in ihre Standardform zu bringen, hilft sie uns doch den logischen Charaker dieser Aussage zu erkennen. Wir können auch zwei sich überschneidende Kreise verwenden um die Logik unserer Verallgemeinerungen explizit zu machen. Jeder Kreis steht für eine der behandelten Klassen, die Schnittmenge repräsentiert die Dinge, die in beide Klassen fallen (wenn es welche gibt). Der Teil des A-Kreises, der außerhalb des B-Kreises liegt, steht für die As, die nicht Bs sind, wohingegen der Teil des B-Kreises, der außerhalb des A-Kreises liegt, die Bs repräsentiert, die nicht As sind. Durch Schraffieren des entsprechenden Bereichs können wir beispielsweise zum Ausdruck bringen, dass kein A zugleich B ist oder dass es kein A gibt ohne zugleich B zu sein oder dass es kein B gibt, das nicht zugleich A ist. Der schraffierte Bereich gibt an, dass sich darin nichts befindet. Im Falle einer Behauptung „Kein A ist B“ würden wir die Schnittmenge zwischen den Kreisen schraffieren um anzuzeigen, dass es nichts gibt, das zugleich A und B ist:

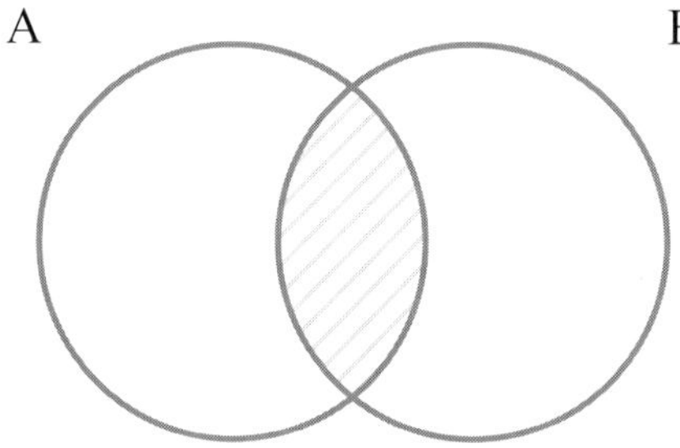

„Kein A ist B“

Für die Behauptung der Art „Alle As sind *Bs*“ würde eine graphische Umsetzung folgendes ergeben:

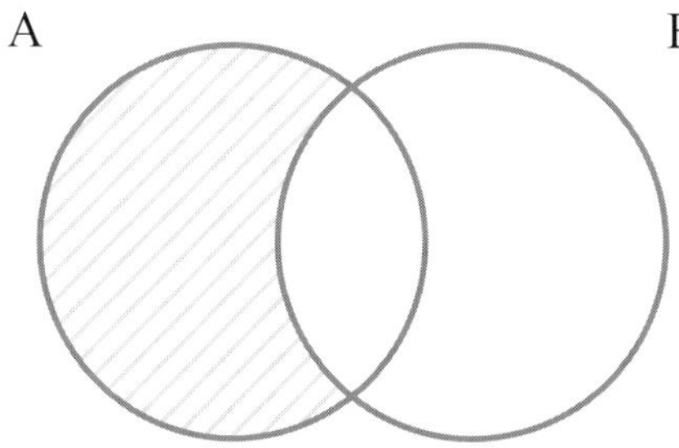

„Alle As sind Bs“

Das bedeutet, dass der Teil des A-Kreises, der außerhalb des B-Kreises liegt keine As enthält – da alles, was A ist auch B ist.

Dieses Verfahren kann auch dazu dienen deutlich zu machen, wie ein Gegenbeispiel aussehen müsste. Es gibt eine oder mehrere Gegenbeispiele, wenn die schraffierte Fläche nicht so wie hier aussieht. Ein Gegenbeispiel für eine „Alle"-Behauptung wäre ein Beispiel, das ein A enthält, das kein B ist (oder ein B, das kein A ist, im Fall „Alle B sind A"). Genauso wird ein Gegenbeispiel für eine „Kein"-Behauptung ein A enthalten, das zugleich ein B ist.

Einige Kriterien zur Bewertung von Verallgemeinerungen

Wenn eine Verallgemeinerung fragwürdig ist und überlegt wird, ob sie aufrechterhalten werden kann, gibt es eine Reihe von Dingen, die berücksichtigt werden sollten. Die folgenden drei Fragen können als grobes Raster im Unterricht verwendet werden:

1. Gibt es für die Behauptung ausreichende Beweise?

Mit sechs Jahren glaubt Patricia, dass alle LehrerInnen, die eine erste Klasse unterrichten, Frauen sind. Es ist nicht klar, ob Patricias Behauptung sich auf alle LehrerInnen der ersten Klasse bezieht, unabhängig davon, wo sie unterrichten. Gehen wir einmal, recht vage, davon aus, dass sich die Äußerung nur auf die gegenwärtigen LehrerInnen der ersten Klasse in den Schulen der Umgebung richtet. Patricias Hauptbeweis ist jedenfalls, dass alle LehrerInnen der ersten Klasse, die sie bisher kennen gelernt hat, Frauen sind. Aber da die einzigen LehrerInnen der ersten Klasse, die Patricia bisher kennen gelernt hat, die drei LehrerInnen sind, die in ihrer Schule unterrichten, ist ihr Beweis für diese Verallgemeinerung nicht ausreichend. Patricias Auswahl ist zu klein.

Was wäre in diesem Fall eine ***ausreichende*** Auswahl? Vielleicht könnte nur eine komplette Aufstellung aller LehrerInnen der ersten Klasse in den Schulen der Umgebung für Klarheit sorgen. Auch wenn diese konkrete Zählung durchführbar wäre, gibt es doch andere Fragestellungen, in denen eine umfassende Befragung nicht möglich ist, und wir müssen uns, ebenso wie jene, die Umfragen durchführen, auf eine Erhebungsauswahl verlassen.

Patricias Problem mag nur eines des Erhebungsumfangs sein, aber in vielen Fällen müssen wir uns fragen, ob der Beweis, den wir anführen, ***repräsentativ*** ist. Leslie glaubt, alle dicken Menschen seien faul. Obwohl es sich dabei vielleicht um eine Meinung handelt, die er von anderen gehört oder aus den Medien übernommen hat, kann Leslie auf die Frage nach Beweisen einen Jungen aus seiner Klasse und ein oder zwei weitere Fälle anführen. Da gibt es vielleicht den dicken Menschen in seiner Lieblingsfernsehsendung und seinen Onkel Joe, von dem man in der Familie sagt, er sei faul. Die Frage ist aber, wie repräsentativ diese Aussage für übergewichtige Menschen im Allgemeinen ist. Leslies Aussage wäre überzeugender, wenn er eine größere Anzahl von Beweisen vorbringen könnte.

2. Wurde nach Gegenbeispielen gesucht?

Neben der Suche nach Beweisen, die unsere Verallgemeinerung unterstützen, müssen wir auch nach Beweisen suchen, die zeigen, dass wir uns geirrt haben. Mit ein bisschen Nachdenken kommt man oft überraschend schnell auf Gegenbeispiele. Patricia glaubt, dass zwei Menschen (oder doch wenigstens zwei LehrerInnen), wie Mr. Wilson und Miss Cooper, die in der Mittagspause zusammen im Auto wegfahren, „ineinander verliebt" sein müssen. Auf die Tatsache, dass es für ihre Behauptung keine weiteren Beweise gibt, aber eine Menge Dinge, die dagegen sprechen, hätte Patricia auch selber kommen können, wenn sie nur ein wenig nachgedacht hätte.

Bei der Suche nach Gegenbeispielen oder Gegenbeweisen ist es oft sinnvoll nach Ausnahmen oder atypischen Fällen Ausschau zu halten. Können alle Vögel fliegen? Nun, haben wir an die Pinguine gedacht? Ist die Zeit, die zwischen einem und dem nächsten Sonnenaufgang liegt, immer genau 24 Stunden? Was ist denn mit den Gebieten in der Nähe der Pole? Wenn wir an einem typischen Fall oder einem Musterbeispiel festhalten – die uns natürlich immer zuerst in den Sinn kommen – unterstützen wir vielleicht eine Verallgemeinerung, die nicht unbedingt zutrifft.

3. Können wir die Verbindung erklären?

Als Tim und Leonie ohne ihren Hund aus den Ferien zurückkamen, wurden sie von Flöhen gebissen. Da sie zuvor noch nie von Flöhen gebissen worden waren, nahmen sie an, die Flöhe hätten sie aus Wut gebissen, weil man sie allein gelassen hatte. Als man den Kindern erklärte, dass Flöhe nur beißen, weil sie eben Flöhe sind, fanden sie diese Erklärung nicht überzeugend. „Hunde beißen nur, wenn man sie schlecht behandelt", sagte Leonie. „Warum sollte deshalb etwas nur beißen, weil es ein Floh ist?" fragte Tim.

Die Kinder nahmen die Auskunft, dass alle Flöhe beißen, eher skeptisch auf und wenn man ihr begrenztes Wissen über Flöhe in Rechnung stellt, ist das durchaus verständlich. Sie änderten bald ihre Meinung, als sie herausfanden, dass ein Flohbiss nicht wie ein Hundebiss ist und dass Flöhe blutsaugende Insekten sind, die vom Blut der Lebewesen leben, die sie beißen. Diese Information hat die Behauptung „wenn es ein Floh ist, dann beißt er" überzeugender gemacht, als alle Flohbisse es jemals hätten tun können. Sie hat uns über das bloße Nennen von Beispielen, die wir zugunsten oder zuungunsten der These hätten anführen können, hinausgeführt und uns letztlich eine Erklärung über den Zusammenhang zwischen „Floh" und „beißen" geliefert, die überzeugend darlegt, dass alle Flöhe beißen.

Wie wir gerade gesehen haben, können andere Dinge, die wir wissen oder herausfinden, eine Verallgemeinerung plausibler – oder weniger plausibel – machen und uns eine Erklärung dafür liefern, warum diese generelle Verbindung zutrifft. Vielleicht stellt sich heraus, dass eine Verallgemeinerung mehr auf unseren persönlichen Erfahrungen als auf Beweisen basiert, was nur allzu leicht dazu führen kann nur jene Beweise zu sehen, die wir sehen möchten. Das nennt man Voreingenommenheit oder Vorurteil. Wenn wir uns jedoch die Mühe machen unsere Prämissen nüchtern und objektiv zu betrachten, werden wir in ihnen die unbegründeten Annahmen sehen, die sie sind, und die Verallgemeinerungen, auf denen sie beruhen, werden uns nicht mehr überzeugen.

Analogisches Denken

In einer Analogie richten wir unsere Aufmerksamkeit auf die Ähnlichkeit zwischen zwei Dingen, die in anderer Hinsicht unterschiedlich sind. Indem wir diese Verbindung herstellen, bringen wir unsere Erfahrungen ein und erweitern die Bedeutung des Gesagten. Wenn das unrasierte Kinn des Bauern beschrieben wird als „rau wie ein Stoppelfeld", verbinden wir das geerntete Feld des Bauern mit dem Anblick seines Kinns. Wenn wir sagen, dass der Junge vor dem gekochten Kohl seiner Mutter zurückschreckt „wie die Mutter vor seinen schmutzigen Socken", stellen wir der Ablehnung des Jungen den Ekel der Mutter gegenüber. Wenn wir uns ein Schiff nachts auf See vorstellen und sagen, „es zieht dahin wie der Mond in den Wolken", ziehen wir die beiden Elemente dieser Szene zusammen und erzeugen damit eine Stimmung.

Wie die Analogie ist die Metapher ein unerschöpfliches Mittel sprachlicher Ausdruckskraft. Wir können sagen, dass das Gesicht des Bauern ein Stoppelfeld war oder dass das Schiff ein Halbmond war, der durch die Wolken glitt. In diesen Fällen tauschen wir den Vergleich der Analogie mit der Identität der Metapher. Die Metapher kann in vielen Bereichen der Forschung dazu dienen neue Wege zu gehen und das Verständnis zu erweitern. So sagt man zum Beispiel, William Harvey entdeckte, dass das Herz eine Pumpe ist, obwohl diese Umschreibung wirklich nur eine Metapher für das neue Verständnis ist, das durch seine Entdeckungen hervorgerufen wurde. Vor einigen Jahren hat der englische Zoologe Desmond Morris den Menschen als nackten Affen beschrieben und damit eine Neuorientierung in der Erforschung unserer Spezies eingeleitet. Erweiterte Metaphern bieten eine Fülle von Möglichkeiten eine Untersuchung zu führen. Der Forschungszweig, der auf der Vorstellung des menschlichen Gehirns als ein Computer basiert, ist hierfür ein gutes Beispiel.

Natürlich sollten wir die Kinder ermutigen figurative Sprache wahrzunehmen und allmählich zu lernen diese effektiv zu benutzen. Vergessen Sie nicht, dass Kinder schon gewohnt sind so zu denken, auch wenn sie dies noch nie reflektiert haben. Spitznamen verwenden zum Beispiel häufig Metaphern. Rätsel beginnen oft mit einer Metapher oder laden zum analogischen Denken ein. Beispielsweise „Was hat drei Augen und ein Bein?“ oder „Warum sind Inseln immer wie die Buchstaben ‚ss‘?“[35] Sie können solche Rätsel nutzen um die Aufmerksamkeit auf das metaphorische und das analogische Denken zu richten.

Das Ende dieses Abschnitts möchte ich gerne vor allem dem analogischen Denken bei der Argumentation widmen. Nehmen wir einmal an, jemand argumentiert folgendermaßen: „Denken ist wie Gartenarbeit. Genau wie ein Gärtner Werkzeug benötigt um gut zu gärtnern, braucht ein Denker Denkwerkzeuge um gut zu denken. Deshalb kann man ohne Denkwerkzeuge nicht gut denken.“ Das wäre eine Argumentation auf der Basis der Analogie. Die Argumentation konstruiert einen parallelen oder ähnlichen Fall und möchte zeigen, dass das, was auf den parallelen Fall zutrifft, auch für den vorliegenden Fall gilt.

Wenn die Analogie überzeugen soll, muss sie die Verbindung, die wir in unserer Schlussfolgerung herstellen wollen, deutlich zuspitzen. Daher sollte die Behauptung, dass ein Gärtner Gartenwerkzeug benötigt um gute Gartenarbeit zu leisten, sehr deutlich die behauptete Verbindung zwischen Denken und Denkwerkzeugen illustrieren. Die Argumentation funktioniert folgendermaßen: Wir beziehen uns auf ***eine unbestimmte generelle Behauptung, Verbindung oder ein Prinzip, das auf beide Fälle zutrifft***. Der parallele Fall ist lediglich eine noch offensichtlichere oder vertrautere Veranschaulichung. Da die Argumentation einer Analogie das Prinzip selten explizit macht, muss man gewöhnlich noch über sie diskutieren und nachdenken und das Prinzip herausarbeiten. In unserem Fall wäre es ungefähr: „Effektive Arbeit verlangt, dass man Werkzeug benutzt." Das Argument wäre im Wesentlichen, dass dies bei der Gärtnerei sofort einleuchtet. Wenn man einmal eingesehen hat, dass man für jede effektive Arbeit Werkzeuge benötigt, ist die Schlussfolgerung, dass dies auch auf das Denken zutrifft, da Denken eine Form der Arbeit ist, nicht mehr schwierig.

Ich will damit sagen, dass die Argumentation der Analogie auf eine ***Verallgemeinerung*** hinausläuft. Sie impliziert immer eine „alle" oder „keine"-Aussage. Dies ist das fundamentale (obwohl versteckte) Kennzeichen der Argumentation einer Analogie und das Element, nach dem wir immer suchen sollten. Wenn es darum geht eine Argumentation zu bewerten, sollten wir uns nicht von einer schönen Analogie mitreißen lassen ohne uns die Frage zu stellen, was die Analogie mit dem diskutierten Fall gemein hat und dann eine passende Verallgemeinerung zu suchen. Denn nur durch eine generelle Behauptung oder ein Prinzip, das auf beide zutrifft, wird die sich aus der Analogie entwickelnde Schlussfolgerung überzeugend.

Was ich gerade gesagt habe, wäre von rein akademischem Interesse, wenn die Argumentation der Analogie nicht so weit verbreitet und oftmals auch so überzeugend wäre. Denken Sie nur daran, wie oft wir versuchen jemanden (oder uns selbst) zu überzeugen etwas nicht zu tun, weil wir an eine andere Gelegenheit denken, in der sich dieses Verhalten als unklug erwiesen hat. Denken Sie auch an die implizite Argumentation in der Werbung: „Diese Person (oder diese Personen) sind genau so (oder in einer ähnlichen Situation) wie du. Sieh, was ihnen dieses Produkt gebracht hat! Deshalb kann es dir das Gleiche bringen." Damit möchte ich nicht etwa sagen, dass Argumente der Analogie immer schlecht sind, aber dass wir kritisch damit umgehen sollten. Dazu gehört z.B. sich darüber im Klaren zu sein, wie sie funktionieren und die generelle Behauptung, auf die sich die Analogie stützt, zu erkennen.

Damit ist die Vorstellung der Werkzeuge des logischen Denkens beendet. Ich hoffe, dass ich überzeugend darstellen konnte, wie wichtig das logische Denken in der Klasse ist. Wenn man das logische Denken der Kinder aufmerksam beobachtet und den Nutzen der Analogie für das Planen, Voraussagen, Erklären, Verallgemeinern und Denken generell anerkennt, werden die Kinder wichtige Dinge nicht nur für die Schule lernen. Wenn sie dieses Wissen mit der Mühelosigkeit verbinden, mit der Kinder Begriffe entwickeln, werden sie mit Werkzeugen von bleibendem Wert ausgestattet.

Zusammenfassung

Zusammen nachdenken erforscht, wie Philosophie im Grundschulunterricht bzw. in den ersten Klassen der Sekundarstufe genutzt werden kann um gutes Denken zu fördern. Es zeigt, dass die philosophische Untersuchung als pädagogische Tätigkeit verstanden werden kann, in der Kinder Fragen stellen und Themen mithilfe der Werkzeuge und Vorgehensweisen der Philosophie erforschen. Wir haben gesehen, wie die philosophischen Reichtümer und intellektuellen Abenteuer der Kinderbücher als Sprungbrett für die philosophische Untersuchung dienen können. Ich habe gezeigt, wie man eine Klassendiskussion und andere Aktivitäten auf der Basis von Geschichten planen kann und habe viele Elemente vorgestellt, die Sie benötigen um eine Forschungsgemeinschaft aufzubauen.

Ich hoffe, ***Zusammen nachdenken*** erweist sich als sinnvolle Einführung für LehrerInnen. Aber der beste Weg um etwas über Philosophie mit Kindern zu erfahren, ist es im Unterricht auszuprobieren.

Anmerkungen

31 Zum Beispiel das Bild „Was passiert als Nächstes?“ in: Michael Rosen und Quentin Blake. *Hard-Boiled Legs.*
London: Walker Books 1987.

32 Die Beispiele stammen aus *Hard-Boiled Legs*.

33 Außer zum Planen, Vorhersagen und Erklären ist dieses Muster des logischen Denkens auch zum Überprüfen von Hypothesen wichtig. Das ist natürlich nicht erstaunlich, denn das Überprüfen beinhaltet das Vorhersagen. Ich werde darauf später in diesem Kapitel zu sprechen kommen.

34 Roald Dahl. *Esio Trot.*
Harmondsworth: Puffin Books 1991.

35 Vgl. June Factor. *Ladles and Jellyspoons – Favorite Riddles and Jokes of Australian Children*.
Ringwood, Victoria: Puffin Books 1989.
Das erste Rätsel beruht auf einer Metapher, während das zweite analogischer Natur ist. Die Lösung des ersten Rätsels, falls Sie es noch nicht erraten haben, ist eine Ampel. Die Lösung des zweiten Rätsels ist: „Weil sie sich immer in der Mitte von Wasser befinden!“

Anhang:

Ein Fragebogen für Ihre SchülerInnen

Der folgende Fragebogen soll Ihnen dabei helfen die kognitiven und interpersonalen Ergebnisse der hier vorgestellten Übungen qualitativ zu beurteilen. Er sollte auf die ganze Klasse angewendet werden.

Ich habe mich bemüht die Liste zum einen so kurz zu halten, dass sie von praktischem Nutzen für vielbeschäftigte LehrerInnen ist, zum anderen soll die Liste jedoch auch Hinweise auf Fortschritte realistisch, verständlich und ausgewogen wiedergeben. Ich empfehle eine erste Bewertung des kognitiven und sozialen Verhaltens der Kinder kurz nach Beginn des Philosophieprogramms und eine zweite Bewertung nach einem Halbjahr kontinuierlicher Arbeit. Sie könnten zu diesem Zweck die folgenden Seiten kopieren.

Ich habe einige kurze und erklärende Kommentare hinzugefügt, die die Fragen der Liste erläutern und eindeutig machen.

	sehr selten	manch-mal	recht häufig	fast immer
◆ A: Fähigkeiten des Fragens ◆				
1. Stellen die Kinder sinnvolle Fragen?				
2. Berücksichtigen sie Gründe/Beweise?				
3. Suchen sie nach Erklärungen?				
4. Bedenken sie Alternativen?				
5. Korrigieren sie sich selbst?				
6. Weichen sie vom Thema ab?				
◆ B: Fähigkeiten des logischen und begrifflichen Denkens ◆				
1. Klären die Kinder Bedeutungen?				
2. Machen sie notwendige Unterscheidungen?				
3. Ziehen sie passende Vergleiche heran?				
4. Geben sie hilfreiche Beispiele?				
5. Ziehen sie notwendige Schlüsse?				
6. Fällen sie überlegte Urteile?				
◆ C: Interaktionsmuster ◆				
1. Hören sich die Kinder gegenseitig zu?				
2. Nehmen sie an der Diskussion teil?				
3. Helfen sie sich gegenseitig?				
4. Gehen sie Unstimmigkeiten auf den Grund?				
5. Respektieren sie die Meinungen der anderen?				
6. Akzeptieren sie faire Kritik an ihren Ideen?				

Kommentar

A. Fähigkeiten des Fragens

1. *Stellen die Kinder sinnvolle Fragen?*
   Stellen die Kinder Fragen, die die Aufmerksamkeit auf wichtige Begriffe und zentrale Probleme lenken? Ziehen ihre Fragen eine sinnvolle Diskussion nach sich?
2. *Berücksichtigen sie Gründe/Beweise?*
   Nennen die Kinder für ihre Meinung Gründe und suchen sie – wo es notwendig ist – nach Gründen für das, was andere Kinder sagen? Geben sie eine Einschätzung der genannten Gründe? Suchen sie nach Argumenten oder Beweisen für oder gegen umstrittene Behauptungen?
3. *Suchen sie nach Erklärungen?*
   Versuchen die Kinder generell Gründe oder Erklärungen für etwas zu finden?
4. *Bedenken sie Alternativen?*
   Halten die Kinder an einer Idee fest oder suchen sie nach unterschiedlichen Erklärungen, verschiedenen denkbaren Ergebnissen und diversen Möglichkeiten um eine Sache zu verstehen?
5. *Korrigieren sie sich selbst?*
   Revidieren die Kinder Positionen, die sich als falsch herausgestellt haben? Versuchen sie ihren ersten Gedanken zu verbessern? Sagen sie manchmal, dass sie ihre Meinung geändert haben?
6. *Weichen sie vom Thema ab?*
   Wie oft verlieren die Kinder das zur Diskussion stehende Thema aus den Augen oder wechseln

das Thema ohne es zu merken? Hat die Diskussion einen roten Faden und verläuft sie in geordneten Bahnen?

B. Fähigkeiten des logischen und begrifflichen Denkens

1. *Klären die Kinder Bedeutungen?*

   Wie oft diskutieren die Kinder über eine Frage, eine Behauptung oder einen Begriff ohne diese(n) zuvor geklärt zu haben? Entwickeln sie dafür ein gewisses Geschick?

2. *Machen sie notwendige Unterscheidungen?*

   Unterscheiden die Kinder zwischen Dingen, die zwar in gewisser Weise ähnlich, in einem wichtigen Punkt jedoch anders sind? Machen sie oft ungerechtfertigte Verallgemeinerungen?

3. *Ziehen sie passende Vergleiche heran?*

   Stellen die Kinder sinnvolle Verbindungen zwischen den Dingen her, die sie gerade diskutieren?

4. *Geben sie hilfreiche Beispiele?*

   Illustrieren oder erklären die Kinder ihre Behauptung mit hilfreichen Beispielen? Benutzen sie manchmal auch Beispiele um zu zeigen, dass eine Behauptung nicht stimmt?

5. *Ziehen sie notwendige Schlüsse?*

   Stehen die Kinder den Konsequenzen ihrer Ansichten aufmerksam gegenüber? Entlarven sie zweifelhafte Behauptungen, die gemacht wurden, als solche?

6. *Fällen sie überlegte Urteile?*

   Neigen die Kinder dazu vorschnelle Urteile zu fällen? Oder wägen sie die Beweise ab und ziehen die relevanten Umstände in Betracht, bevor sie zu ihrem Urteil kommen?

C: Interaktionsmuster

1. *Hören sich die Kinder gegenseitig zu?*
   Hören sie auch den anderen Kindern und nicht bloß dem Lehrer oder der Lehrerin aufmerksam zu? Hören sie aktiv zu?
2. *Nehmen sie an der Diskussion teil?*
   Nimmt die ganze Klasse an der Diskussion teil oder dominieren wenige das Gespräch? Gibt es SchülerInnen, die mitunter aus der Diskussion ausgeschlossen werden? Schneiden einige den anderen das Wort ab?
3. *Helfen sie sich gegenseitig?*
   Bauen die Beiträge der Kinder aufeinander auf? Helfen sie sich gegenseitig, wenn jemand Schwierigkeiten hat sich auszudrücken? Kooperieren sie gut in kleinen Gruppen?
4. *Gehen sie Unstimmigkeiten auf den Grund?*
   Versuchen die Kinder den Grund für eine Unstimmigkeit zu finden? Versuchen sie herauszufinden ob dieser Grund schwerwiegend ist? Sprechen sie über die Gründe, die jeder für seine Ansicht hat, und ob es möglich ist seine Meinung zu ändern?
5. *Respektieren sie die Meinungen der anderen?*
   Sind die Kinder in der Lage uneinig zu sein oder unterschiedliche Ansichten zu vertreten und dabei ihre Kritik auf die Ideen zu beschränken? Behandeln sie diejenigen, die eine andere Meinung haben, fair?
6. *Akzeptieren sie faire Kritik an ihren Ideen?*
   Gestehen die Kinder ein, dass sie eventuell im Unrecht sind? Erkennen sie auch eine andere Meinung an? Stimmen sie manchmal Kritik zu, die von ihnen vertretene Ideen in Frage stellt?

Bibliografie

Benutzte Literatur

Baron, Joan Boykoff und Sternberg, Robert J. (Hg.). *Teaching Thinking Skills – Theory and Practice.* New York: W.H. Freeman 1987.

Dewey, John. *Wie wir denken – Eine Unternehmung über die Bezeichnung des reflexiven Denkens zum Prozess der Erziehung.* (Übersetzt von Alice Burgeni.) Zürich: Morgarten Verlag Conzett & Huber 1951.

Ennis, Robert. „A Taxonomy of Critical Thinking Dispositions and Abilities", in: Baron und Sternberg (Hg.). *Teaching Thinking Skills – Theory and Practice.* New York: W.H. Freeman 1987.

Fisher, Robert. *Teaching Children to Think.* Hemel Hempstead: Simon & Schuster Education 1991.

Hullfish, H. Gordon und Smith, Philip. *Reflective Thinking – The Method of Education.* New York: Dodd, Mead & Company 1967.

Kelley, David. *The Art of Reasoning.* New York: W.W. Norton 1988.

Lakoff, George und Johnson, Mark. *Metaphors We Live By.* Chicago: Chicago University Press 1980.

Lipman, Matthew und Sharp, Ann Margaret (Hg.). *Growing Up With Philosophy.* Philadelphia: Temple University Press 1978.

Lipman, Matthew, Sharp, Ann Margaret und Oscanyan, Frederick S. *Philosophy in the Classroom.* Philadelphia: Temple University Press ^{2}1980.

Lipman, Matthew. *Philosophy Goes to School.* Philadelphia: Temple University Press 1988.

Thinking in Education. New York: Cambridge University Press 1991.

(Hg.). *Thinking Children and Education.* Dubuque, Iowa: Kendall/Hunt 1993.

Matthews, Gareth B. *Denkprobleme. Philosophische Ideen jüngerer Kinder.* (Übersetzt von Hans-Ludwig Freese.) Berlin: Freese 1991.

Philosophische Gespräche mit Kindern. (Übersetzt von Hans-Ludwig Freese.) Berlin: Freese 1989.

„Philosophy and Children's Literature", in: Lipman (Hg.). *Thinking Children and Education.*

Mead, George Herbert. *Geist, Identität und Gesellschaft. Aus der Sicht des Sozialbehaviorismus.* (Übersetzt von Ulf Pacher.) Frankfurt am Main: Suhrkamp 1973.

Metzler, Bernard M. „Mead's Social Psychology", in: John Pickering & Martin Skinner (Hg.). *From Sentience to Symbols – Readings in Consciousness.*
Wheatsheaf: Harvester 1990.

Passmore, John. *Talking Things Over.*
Melbourne: Melbourne University Press ⁴1969.

Pritchard, Michael S.. *Philosophical Adventures with Children.*
Lanham, Maryland: University Press of America 1985.

Reck, A. (Hg.). *Selected Writings of George Herbert Mead.*
Chicago: University Press of Chicago 1964.

Reed, Ronald. *Kinder möchten mit uns sprechen.* (Übersetzt von Barbara Brüning.)
Hamburg: Verlag für Kinder und Eltern 1990.

Ryle, G. „Thinking and Self-Teaching", in: Rice University Studies, Bd. 58/3.
Auch in: Lipman (Hg.). *Thinking Children and Education.*

Sharp, Ann Margaret und Reed, Ronald F. (Hg.). *Studies in Philosophy for Children – Harry Stottlemeier's Discovery.* Philadelphia: Temple University Press 1991.

Siegler, Robert S. *Children's Thinking.*
Englewood Cliffs N.J.: Prentice Hall [2]1991.

Splitter, Laurance J. und Sharp, Ann M. *Teaching for Better Thinking – The Classroom Community of Inquiry.*
Melbourne: Australian Council for Educational Research.

Stebbing, L. Susan. *Thinking to Some Purpose.*
Harmondsworth: Penguin 1939.

A Modern Elementary Logic.
London: Menthuen [5]1952.

Wertsch, James V. *Vygotsky and the Social Formation of Mind.*
Cambridge, Mass.: Harvard University Press 1985.

Wilson, John. *Thinking with Concepts.*
London: Cambridge University Press 1971.

Wygotski, Lew S. *Denken und Sprechen.* (Übersetzt von Gerhard Sewekow.)
Frankfurt: Fischer 1974.

Mind in Society – The Development of Higher Psychological Processes. Hrsg. v. Michael Cole, Vera John-Steiner, Sylvia Scribner und Ellen Souberman.
Cambridge, Mass.: Harvard University Press 1978.

Kinderbücher und Unterrichtsmaterialien

Argent, Kerry. *Friends.*
Ringwood, Victoria: Omnibus/Puffin 1988.

Burningham, John. *Aldo.* (Übersetzt von Rolf Inhauser.)
Aarau, Frankfurt: Sauerländer 1992.

Bibliografie

Cam, Philip (Hg.). *Sterben Äpfel auch?* Philosophische Nachdenkgeschichten für Kinder. Textbuch. (Übersetzt von Ulrike Beck.) Mülheim/Ruhr: Verlag an der Ruhr 1996.

Sterben Äpfel auch? Philosophische Nachdenkgeschichten für Kinder. Arbeitsmappe. (Übersetzt von Ulrike Beck.) Mülheim/Ruhr: Verlag an der Ruhr 1996.

(Hg.). *Thinking Stories 2 – Philosophical Inquiry for Children.* Sydney: Hale & Iremonger 1994.

Thinking Stories 2 – Teacher Resource/Activity Book. Sydney: Hale & Iremonger 1994.

(Text- und Arbeitsbuch erscheinen in deutscher Übersetzung unter dem Titel „Können Augen sehen?" im Frühjahr 1997 im Verlag an der Ruhr, Mülheim.)

Carle, Eric. *I See a Song.* London: Hamish Hamilton 1973.

Die kleine Raupe Nimmersatt. (Übersetzt von Viktor Christen.) Hildesheim: Gerstenberg 1995.

Carroll, Lewis. *Alice im Wunderland und was Alice hinter dem Spiegel fand.* (Übersetzt von Barbara Teutsch.) Hamburg: Dressler 1991.

Cole, Babette *Prinzessin Pfiffigunde.* (Übersetzt von Ute Eichler.) Hamburg: Carlsen 1986.

Dahl, Roald. *Esio Trot.* Harmondsworth: Puffin 1991.

De Haan, Chris, Mac Coll, San und Mc Cutcheon, Lucy. *Philosophy with Kids.* Melbourne: Longmans.

Factor, June. *Ladles and Jellyspoons – Favorite Riddles and Jokes of Australian Children.* Ringwood, Victoria: Puffin Books 1989.

Hunt, Nan. *Whistle up the Chimney.* Sydney: Collins 1981.

Lindsay, Norman. *Der Zauberpudding. Die Abenteuer des Bunyip Bluegum.* (Übersetzt von Christiane Jung.) Hamburg: Olaf Hille 1993.

Lipman, Matthew. *Elfie, Institute for the Advancement of Philosophy for Children.* New Jersey: Montclair State College 1988.

Pixie. Philosophieren mit Kindern. (Übersetzt von Daniela G. Camhy.) Wien: Hölder-Pichler-Tempsky 1986.

Kio und Gus. Australian Council for Educational Research. Victoria: Hawthorn 1989.

Harry Stottelmeiers Entdeckung. (Übersetzt von Ursula Scheer.) Wien: Hölder-Pichler-Tempsky 1990.

Lipman, Matthew & Sharp, Ann Margaret. *Handbuch zu Pixie. Philosophieren mit Kindern.* (Übersetzt von Daniela G. Camhy.) Wien: Hölder-Pichler-Tempsky 1986.

Lipman, Matthew, Sharp, Ann Margaret & Oscanyan, Frederick S. (Hg.). *Handbuch zu Harry Stottelmeiers Entdeckung.* (Übersetzt von Ursula Scheer.)
Wien: Hölder-Pichler-Tempsky 1990.

Lipman, Matthew & Sharp, Ann Margaret. *Wondering at the World – Instruction Manual to Accompany Kio and Gus.*
Lanham, Maryland: IAPC/University Press of America 1986.

Lipman, Matthew & Gazzard, Ann. *Getting Our Thoughts Together. Instruction Manual to Accompany Elfie.*
New Jersey: IAPC, Montclair State College 1986.

Marks, Alan. *Tim, der Ausreißer.* (Übersetzt von Richard Leitner und Erika Krammer.)
Zürich, Hamburg, Salzburg: Neugebauer 1993.

Milne, Alan Alexander. *Pu baut ein Haus.* (Übersetzt von Harry Rowohlt.)
Hamburg: Dressler 1988.

Murris, Karen. *Teaching Philosophy with Picture Books.*
London: Infonet Publications 1992.

Rosen, Michael & Blake, Quentin. *Hard-Boiled Legs.*
London: Walker Books 1987.

Ross, Tony. *Fuchs Fabelhaft.* (Übersetzt von Martin Karau.)
Berlin: Altberliner Verlag 1992.

Rowe, Don & Newton, Jan. *You, Me, Us! Social and Moral Responsibility for Primary Schools.*
London: Citizenship Foundation 1994.

Sprod, Tim. *Books into Ideas.*
Melbourne: Hawker Brownlow Education 1993.

Williams, A.E. & Eakins, C. *New Social Studies through Activities.*
Sydney: Martin Education 1980.